岳麓書社

读名著　选岳麓

古典名著普及文库

陶渊明集

熊治祁 注译

岳麓書社·长沙

图书在版编目(CIP)数据

陶渊明集/熊治祁注译. —长沙:岳麓书社,2021.3(2025.5 重印)
ISBN 978-7-5538-1428-5

Ⅰ.①陶… Ⅱ.①熊… Ⅲ.①中国文学—古典文学—作品综合集—东晋时代 Ⅳ.①I213.722

中国版本图书馆 CIP 数据核字(2020)第 223214 号

TAO YUANMING JI
陶渊明集
注　　译:熊治祁
责任编辑:孙世杰
责任校对:舒　舍
封面设计:罗志义

岳麓书社出版发行
地址:湖南省长沙市爱民路 47 号
直销电话:0731-88804152　0731-88885616
邮编:410006

版次:2021 年 3 月第 1 版
印次:2025 年 5 月第 2 次印刷
开本:890mm×1240mm　1/32
印张:8.625
字数:250 千字
ISBN 978-7-5538-1428-5
定价:25.00 元

承印:湖南省众鑫印务有限公司
如有印装质量问题,请与本社印务部联系
电话:0731-88884129

出版说明

中国古典名著是中华优秀传统文化的重要载体，今天人们要学习传统文化，如果说有所谓捷径可寻，那恐怕就是直接阅读古典名著了。长期以来，为大众读者出版古典名著的普及读物一直是本社的重要使命。约三十年前，我们便出版了“古典名著普及文库”，收书五十余种，七十余册，蔚为大观。这套书命名为“普及”，首先是因为采用了简体字横排的排版方式。当时的古典名著图书，以未经整理的影印本和繁体竖排本居多，大众读者阅读有障碍，故本文库的推出，确有普及之效。其次，我们提出要让读者“以最少的钱买最好的书”，定价远低于当时同类型品种。基于此，这套“普及文库”迅速流向读者的书架，销量极大，功在普及不浅。

当年这套书，所收各书都是文言文全本，无注释，不翻译，对于今天的大众读者来说，已经很难起到普及作用了。而且，读者如果仅仅出于品鉴、入门的需要，也无须通读大部头的全本古籍。因而，我们推出这套全新的“古典名著普及文库”，在选目上广泛听取国内名校学者们的建议，收录经、史、子、集四部之中第一流的名著一百余种，邀请学有专攻的学者精心注释、翻译，并加以导读。篇幅大的经典，精选菁华，篇幅适中的出版全本，个别篇幅小的，则将主题相近的品种合刊为一册。

我们希望有更多的人能够买得起、读得懂中国的古典名著，接受中华优秀传统文化的滋养。这一套轻松好读又严谨可靠的普及文库，便是我们努力实践这一理念的结果。

前 言

一、陶渊明的生平及其思想

陶渊明（365—427），一名潜，字元亮，浔阳柴桑（今江西九江西南）人。他是中国历史上一位极富特色的大诗人，对后世的诗歌创作产生了非常深远的影响。

陶渊明主要生活于东晋王朝末年。东晋灭亡以后，他还在南朝宋初度过了一生中的最后七年。他所处的时代，尤其是晚年，是中国历史上特别混乱黑暗的年代之一，统治残暴，战乱频繁，民不聊生。陶渊明的曾祖父是东晋初期重臣，官至大司马。祖父、父亲都任过太守，外祖父曾任大将军桓温的长史。不过到他出生时，家道已经衰落。所以他在《自祭文》中说："自余为人，逢运之贫。"用"生不逢时"概括他的遭遇，是再也恰切不过的了。尽管如此，他在青少年时代仍然怀着远大的政治抱负："猛志逸四海，骞翮思远翥。"（《杂诗八首·五》）不过事与愿违，29岁时他才开始踏入仕途，出为江州祭酒。此后又做过荆州、江州刺史的幕僚，担任过大将军的参军。每次任职时间都不长，不任职时便回乡闲居。41岁那年，被任为彭泽县令。"会郡遣督邮至县，吏请曰：'应束带见之。'渊明叹曰：'我岂能为五斗米折腰向乡里小儿！'即日解绶去职，赋《归去来》。"（萧统《陶渊明传》）从此以后，他终生不仕，在家乡隐居务农，于宅边植五株柳树，因自号"五柳先生"。清闲度日，气节不改，直至去世。

在论述陶渊明的作品之前，有必要对他的思想略作述说。

魏晋南北朝是中国历史上思想比较活跃的时代。儒家思想一统汉代近400年，而魏晋南北朝的300多年，则是儒、道、玄、佛并行天下。儒学至高无上的地位发生了动摇，但影响仍然是巨大的。

陶渊明作为一位诗人，又有着独特的经历，不可能不受时代思潮的影响。他放旷自适的人生取向，及时行乐的人生观，无疑受到道家思想的影响。他在创作中反复使用《庄子》一书中的典故，经常表露出崇尚自然、追求理趣、委运大化的情怀。

少无适俗韵，性本爱丘山。

——《归园田居五首·一》

遥遥望白云，怀古一何深！

——《和郭主簿二首·一》

纵浪大化中，不喜亦不惧。
应尽便须尽，无复独多虑。

——《形影神三首·神释》

他还在诗中多次咏及长沮、桀溺和荷蓧老翁这些古代的隐士。

商歌非吾事，依依在耦耕。

——《辛丑岁七月赴假还江陵夜行涂口》

是以植杖翁，悠然不复返。
即理愧通识，所保讵乃浅。

——《癸卯岁始春怀古田舍二首·一》

遥谢荷蓧翁，聊得从君栖。

——《丙辰岁八月中于下潠田舍获》

从这些诗句中，也不难窥见他道家思想情绪的流露。

但是陶渊明是一个对现实有清醒认识的有识之士，他的归隐，是出于对现实的不满和反抗，不能仅仅看成是慕求道家的遗世独立、超然尘外。

即事如已高，何必升华嵩。

——《五月旦作和戴主簿》

存生不可言，卫生每苦拙。

——《形影神三首·影答形》

“即事”两句说如果对现实事物的认识正确，就不必去华山、嵩山修仙练道。“存生”两句谓长生不老是无稽之谈，养生之术也苦于难学。这种认识，让我们看到他对道家思想还是保持着一定距离的。

至于佛家思想，陶渊明对之似乎保留更多一些。虽然他有好几位佛学界的好友，诗中偶尔也出现“空无”一类的佛家语，但他对佛家却似乎始终少有兴趣。高僧慧远和好友刘柴桑邀他加入白莲社（佛教团社），他说：“‘若许饮则往。’许之，遂造焉。忽攒眉而去。”（事见《莲社高贤传》）“慧远作《三报论》《明报应论》《形尽神不灭论》，皆慑于生死报应之反映，故陶渊明为此诗（指《形影神三首》）斥其营营惜生也。”（逯钦立《陶渊明事迹诗文系年》）又如：“积善云有报，夷叔在西山。善恶苟不应，何事立空言？”（《饮酒二十首·二》）“我闻为善，庆自己蹈。彼苍何偏，而不斯报！”（《祭程氏妹文》）这种感慨，也是与佛家“善恶相报”之说相左的。

事实上，对陶渊明一生起主导作用的仍是儒家思想。他从小接受儒学的熏陶，“少年罕人事，游好在六经”（《饮酒二十首·十六》）。早年的数度出仕，以后的归耕垄亩、守节固穷便是儒家“穷则独善其身，达则兼善天下”思想在他身上的体现。其作品更充分说明了他对儒学的信仰和对孔子的崇慕。

道丧向千载，人人惜其情。

——《饮酒二十首·三》

先师有遗训，忧道不忧贫。

——《癸卯岁始春怀古田舍二首·二》

羲农去我久，举世少复真。

汲汲鲁中叟，弥缝使其淳。

凤鸟虽不至，礼乐暂得新。

洙泗辍微响，漂流逮狂秦。
诗书复何罪？一朝成灰尘。
区区诸老翁，为事诚殷勤。
如何绝世下，六籍无一亲？

——《饮酒二十首·二十》

这类称赞儒家思想、仰慕孔子的话在他的诗文中多不胜数。清人刘熙载说陶诗“大要出于《论语》”（《艺概·诗概》），确是颇中肯綮的评价。

关于陶渊明是否忠于晋王朝的问题，也从一个侧面反映了他的基本思想。这个问题论者历来有不同看法。在某些论者看来，说陶渊明忠于晋王朝，仿佛就贬低了他的人格和形象。如前所述，陶渊明的曾祖父、祖父、父亲以及外祖父都在东晋王朝为官，他在诗文中也极力颂扬陶侃在东晋初期的赫赫功业。因此，陶渊明关心东晋王朝的命运是很自然的事。他虽然在东晋灭亡以前便对现实不满，但这不能作为反对晋王朝的证据，这是不言自明的。他的《述酒》，经历代学者考证，认为是悲叹晋室消亡、谴责刘裕弑君篡位的政治诗。诗末说：“峨峨西岭内，偃息常所亲。天容自永固，彭殇非等伦。”哀悼东晋末代皇帝晋恭帝之情非常明显。肯定这些，丝毫无损于陶渊明的形象。屈原不是眷恋楚国、难忘楚怀王吗？杜甫不是忠于唐室、忠于皇帝吗？难道这就损害了他们的人格和形象？叹晋室之不强，哀末代皇帝之不幸，不妨说，这是家庭背景和儒家忠君思想左右了他的这一立场。

总之，陶渊明的确受到过不同思想的影响，但对他影响最大、最深刻的仍是儒家思想。

二、陶渊明作品的艺术风格

陶渊明的作品，现存诗歌 120 余首，散文、辞赋等 10 多篇。

他的诗歌，或叹行役之劳，或抒厌仕之感，或写田园之美，或记闲居之趣，或咏务农之乐，或述贫困之苦，或发人生之感慨，或言自然之理趣，或缅怀远古之盛世淳风，或赞赏历朝之高人雅士，莫不真情流露，使人回味无穷。其中描写田园风光的诗歌，历来最为人们所称道。

陶渊明诗歌在当时的诗坛上独树一帜，艺术上有着极高的欣赏价值。

陶诗最显著的、被公认的艺术特色就是平淡自然、质朴无华。

种豆南山下，草盛豆苗稀。
晨兴理荒秽，带月荷锄归。
道狭草木长，夕露沾我衣。
衣沾不足惜，但使愿无违。

——《归园田居五首·三》

描写归耕后亲身从事劳动的生活，寥寥数笔，随手写来，造语极其平实，却把劳动的辛苦，劳动时所见到的景物，写得有情有致。末两句说夕露沾衣而不足惜，只要有劳动的喜悦和收获就行。对于一个孤高傲世、诗书满腹的人来说，这是何等恬淡朴实的心境啊！

又如他描写居所附近的景物：

方宅十余亩，草屋八九间。
榆柳荫后檐，桃李罗堂前。
暧暧远人村，依依墟里烟。
狗吠深巷中，鸡鸣桑树巅。

——《归园田居五首·一》

“方宅”二句，如同现代白话。“狗吠”“鸡鸣”这样的俗语，也用入诗中，更使人感受到农宅的气息。诗人用他的白描艺术绘出了一幅恬适的农宅风情图。

说陶诗“平淡”“自然”，首先是指其用词遣句平实浅近，着笔无斧凿之痕，无雕琢之气。我们看齐梁诗的“绮靡”之作，谢灵运“情必极貌以写物，辞必穷力而追新”(《文心雕龙·明诗》）的雕缋之诗，就更能体味陶渊明这种独特的艺术风格。

借景抒情，是中国诗歌的传统，如《诗经》《楚辞》以及汉魏诗歌中都有很多这样的佳作。陶渊明继承了这一传统，但运用得更为自然，往往在不经意之中将景与情交融于一处，构成一种独到的意境。这是陶诗的又一特色。如：

结庐在人境，而无车马喧。
问君何能尔，心远地自偏。
采菊东篱下，悠然见南山。
山气日夕佳，飞鸟相与还。
此中有真意，欲辨已忘言。

——《饮酒二十首·五》

“人境”一词，已是别有深意，见得作者志趣不与世俗相同。“人境”当是车马喧哗，而此处却无车无马，可见此“人境”非一般“人境”。作者为何耐得住此等寂寞，那是因为心思高远而宁静，淡泊明志，不求闻达。“采菊”以下数句，“悠然”是关键词，是“诗眼”。诗人悠悠然远望南山，悠悠然采菊，悠悠然欣赏优美的山色，悠悠然仰视还巢的飞鸟。篱边的菊花，远处的南山，傍晚的山色，空中的飞鸟，这些悠然的意象，通过诗人的悠然之心组成了一种“景中有情”“情中有景”“物我交融”的悠然意境。这意境中的“真意”是什么呢？诗人只是含蓄地说“已忘言”，也就是他认为其中的妙味是只可意会，不可言传的。虽有玄意，却是实感。南宋词人张孝祥在欣赏秋夜月色下的洞庭湖之后，也曾发出“悠然心会，妙处难与君说”(《念奴娇·过洞庭》）的感叹，其意略同而不及陶诗的含蓄和韵味绵长。

平畴交远风，良苗亦怀新。

——《癸卯岁始春怀古田舍二首·二》

远山来的清风，在平旷的田野中交合，青秀的新苗一派生机，欣欣向荣。这其中既有欣赏劳动成果的喜悦，又有辞官归隐后的自我安慰。“怀”字将新苗拟人化，刘熙载说：“‘良苗亦怀新’，物亦具我之情也。”(《艺概·诗概》)可谓深得此句之妙。

凄凄岁暮风，翳翳经日雪。

倾耳无希声，在目皓已洁。

——《癸卯岁十二月中作与从弟敬远》

岁暮凄厉的寒风，经日飘飞的大雪，侧耳而听，雪花落地无声，只留下眼中的一片洁白。看似仅在描写雪的轻虚洁白，实则同时也显托了诗人高旷的胸怀，亦即下文所说的“高操”和“固穷节”。

陶渊明的崇尚自然之情，孤高傲世之情，淡泊功名之情，真刚质朴之情，感叹人生无常、及时行乐之情，等等，常常隐含在他的描写景物风光的诗句中。甚至可以说，如果我们不接触任何有关陶渊明的资料，只读他的这一类诗，我们也能够勾画出他人格形象的基本轮廓。

陶渊明还是一位驾驭语言的高手，用语简洁而意蕴丰富，也是陶渊明的难以企及之处。

山涤余霭，宇暧微霄。

有风自南，翼彼新苗。

——《时运》

仅16字，一幅暮春景物图已跃然眼前。尤其是一个“翼”字，将新生禾苗在清风中摇曳多姿之状写活，使整个画面显得生机勃勃，历来评论家都认为是工于肖物的传神之笔。

白日掩荆扉，虚室绝尘想。

——《归园田居五首·二》

“荆扉”说居室之陋，白日掩扉，说明自己不外出，也很少与人交往。“虚室”既写居室摆设极少，又言独自一人时室内之静。“绝尘想”，绝无尘俗之杂念。两句平淡省净的语句，既写出了一个非常闲适静谧的境界，又传神地勾勒出了隐者的心态。

君子死知己，提剑出燕京。

素骥鸣广陌，慷慨送我行。

雄发指危冠，猛气冲长缨。

饮饯易水上，四座列群英。
渐离击悲筑，宋意唱高声。
萧萧哀风逝，淡淡寒波生。
商音更流涕，羽奏壮士惊。

——《咏荆轲》

此诗描写行刺秦王的荆轲在离开燕国京城时，众人为他送行的悲壮场面。“雄发”两句，以夸张的手法极写荆轲激昂慷慨之情。这一段直接描写荆轲的话仅此二句，却非常生动地表现出荆轲的豪情壮志。宽广的大道，白马的长鸣，一阵阵凛冽的朔风，易水河中的滚滚寒波，友人演奏的乐声、歌声，先是哀伤悲凉之曲，而后是激昂雄壮之调，四座之人，无不泪流满面、惊心动魄。这画面不但寄托了诗人对英雄的无限崇敬之情，也让我们了解到陶渊明感情世界“并非浑身静穆”（鲁迅语）的另一个方面。

以上仅就陶诗的主要艺术特色略略做了阐述，其他如用典信手拈来，运用贴切自如，讲究篇法的浑厚完整，语言上为加重感情而反复运用叠词，等等，就不一一细说了。

诗歌以外，陶渊明的散文、辞赋也有很高的文学价值。如《五柳先生传》，一般都认为是作者自况。全文仅一百来字，却将一位生活贫困、志趣高洁的读书人写得活灵活现，惟妙惟肖。其他如《桃花源记》《归去来兮辞》，前者以简约的笔法叙事，后者以精练的文字抒情，篇幅也都很短小，但思想内容却十分丰富。宋代的欧阳修甚至说：“晋无文章，惟陶渊明《归去来》一篇而已。”而大胆表露爱情的《闲情赋》，词藻华丽，则说明陶渊明于“绮丽”一体，也是高手。他之所以在诗歌中运用平淡质朴的语言，完全是内容和自身性格所决定的。

三、陶渊明作品的流传及其影响

在中国诗歌史上，陶渊明已被公认为是继屈原之后，李白、杜甫之前最杰出的诗人。然而在当时和陶渊明逝世后的相当长一段时间内，他的作品的价值并没有受到应有的重视。

第一位肯定陶渊明作品的人是梁朝文学批评家钟嵘。他在《诗品》一书中将陶诗列为“中品”，肯定他的“直为田家语”，并推为“古今隐逸诗人之宗”。

之后，梁昭明太子萧统广泛搜集陶渊明作品，编成第一本《陶渊明集》，并给予较高的评价：“其文章不群，词采精拔；跌宕昭彰，独超众类；抑扬爽朗，莫之与京。横素波而傍流，干青云而直上。语时事则指而可想，论怀抱则旷而且真。”（萧统《陶渊明集》序）但是萧统在主编著名的《文选》时，却仅收录陶诗 8 首，而收录谢灵运诗 40 首，收录陆机诗 51 首。对此，评论家有多种说法，但不管怎样，都说明陶诗在那时还没有获得应有的地位。与萧统时代非常接近的刘勰，在他著名的文学批评著作《文心雕龙》中，对陶渊明的作品也只字未及，便是明证。

直到唐代，也就是陶渊明死后 200 多年，他的文学成就才真正开始被人们认识。李白在他的诗歌中多次咏及陶渊明。杜甫更推崇道：“焉得思如陶谢手，令渠述作与同游。”（《江上值水如海势聊短述》）白居易也说：“篇咏陶谢辈，风衿嵇阮徒。”（《哭王质夫》）将陶谢并提，已经超过钟嵘、萧统对陶的评价了。

唐人的诗歌创作也直接受到陶渊明的影响。特别是王维、孟浩然、储光羲、韦应物、柳宗元等人的山水田园诗，受其影响更大。清人沈德潜曾评曰：“陶诗胸次浩然，其中有一段渊深朴茂不可到处。唐人祖述者，王右丞有其清腴，孟山人有其闲远，储太祝有其朴实，韦左司有其冲和，柳仪曹有其峻洁，皆学焉而得其性之所近。”（《说诗晬语》卷上）此论颇能代表唐以后许多批评家的观点。

到了宋代，陶渊明的人格和作品更被推崇到极高的地位。苏轼说：“渊明作诗不多，然其诗质而实绮，癯而实腴，自曹、刘、鲍、谢、李、杜诸人，皆莫及也。”（《东坡续集》卷三《与苏辙书》）评价之高，甚至说其超越李白、杜甫，难怪后人多不苟同。此外，苏轼还曾和作陶诗100余首。大诗人陆游自谓："学诗当学陶。"(《自勉》)闲暇之时，他"卧读陶诗未终卷，又乘微雨去锄瓜"(《小园四首·一》)，酷似渊明神态。辛弃疾在与陈同甫唱和时，甚至将陶渊明与诸葛亮相比："看渊明，风流酷似，卧龙诸葛。"(《贺新郎》)南宋著名诗人杨万里也高度评价陶渊明："极知人更贤，未契诗独好。"(《读渊明诗》)与杨同时的另一位著名诗人范成大，其所作《四时田园杂兴》组诗，明显继承了陶诗歌颂自然、歌颂劳动的传统，而且还多了反映农民苦难的内容。

不但如此，宋人还首先对陶诗"自然""平淡"的美学价值作了探讨。严羽说："康乐之诗精工，渊明之诗质而自然耳。"(《沧浪诗话·诗评》)葛方立说："陶潜、谢朓诗皆平淡有思致，非后来诗人怵心刿目雕琢者所为也。"(《韵语阳秋》卷一)宋以后，"平淡""自然"成为人们评价陶诗的定论，陶诗也从此确定了在中国文学史上的崇高地位。明初著名画家周元素曾作《渊明逸致图》，摹写陶渊明酒醉后的神情，经明清两代不少收藏家保存，以后传至清宫廷，清高宗还为之题诗一首。由此可见陶渊明多么受到后人的尊重。直至清末，大诗人黄遵宪还取陶诗"结庐在人境"之意，将自己的诗集题为《人境庐诗草》。中华人民共和国成立以后，对陶渊明的研究更加深入，论著、论文多不胜数。各种文学史均以相当多的篇幅介绍他的生平和作品，大学中文系的教材和中学语文课本都选录了他的作品。

陶渊明作品的价值还受到世界公认。日本、英国、法国、美国、德国、俄罗斯等都有陶诗的译本。《大英百科全书》《苏联百科词典》还用专门词条对陶渊明做了详尽的介绍。

由此可见，陶渊明的创作的确是中国古代文化的瑰宝。

熊治祁

目 录

诗

文

诗

命　子[1]

原文

悠悠我祖，爰自陶唐[2]。
邈为虞宾[3]，历世重光。
御龙勤夏[4]，豕韦翼商[5]。
穆穆司徒[6]，厥族以昌。

纷纷战国，漠漠衰周。
凤隐于林，幽人在丘。
逸虬绕云，奔鲸骇流。
天集有汉，眷予愍侯[7]。

於赫愍侯，运当攀龙[8]。
抚剑风迈，显兹武功。
书誓山河[9]，启土开封[10]。
亹亹丞相[11]，允迪前踪[12]。

浑浑长源，郁郁洪柯。
群川载导，众条载罗。
时有语默[13]，运因隆窊[14]。
在我中晋，业融长沙[15]。

桓桓长沙[16]，伊勋伊德。
天子畴我[17]，专征南国[18]。
功遂辞归，临宠不忒。
孰谓斯心，而近可得。

肃矣我祖[19]，慎终如始。
直方二台[20]，惠和千里[21]。
於皇仁考[22]，淡焉虚止。
寄迹风云，冥兹愠喜[23]。

嗟余寡陋，瞻望弗及。
顾惭华鬓，负影只立。
三千之罪[24]，无后为急。
我诚念哉，呱闻尔泣。

卜云嘉日，占亦良时。
名汝曰俨，字汝求思。
温恭朝夕[25]，念兹在兹[26]。
尚想孔伋[27]，庶其企而[28]。

厉夜生子，遽而求火[29]。
凡百有心，奚特于我！
既见其生，实欲其可。
人亦有言，斯情无假。

日居月诸，渐免于孩。

福不虚至，祸亦易来。
夙兴夜寐，愿尔斯才。
尔之不才，亦已焉哉！

注释

1 **命子**：给儿子命名。

2 **陶唐**：传说原始社会的部落长尧，初居陶（今山东省菏泽市定陶区南），后迁居唐（今河北省唐县），故称为陶唐氏。

3 **虞宾**：相传尧让位给舜以后，尧的后代到虞地为宾，故称虞宾。

4 **御龙**：陶唐氏后代在夏朝为御龙氏。

5 **豕韦**：陶唐氏后代在商朝为豕韦氏。

6 **司徒**：官名，主管土地和民众。周灭殷商，将殷民七族分给周武王之弟康叔，陶氏为殷民七族之一，陶叔任司徒。

7 **愍侯**：汉高祖时陶舍封愍侯，任右司马。

8 **运**：时运。 **攀龙**：指追随帝王建立功业。陶舍曾随高祖征伐燕、代等国。

9 **书誓山河**：汉高祖封功臣的誓词说："使黄河如带，泰山如砺。国以永存，爰及苗裔。"

10 **启土开封**：陶舍封侯于开封。

11 **亹亹**(wéi)：勤勉的样子。 **丞相**：陶舍的儿子陶青在汉景帝时为丞相。

12 **允**：确实。 **迪**：追踪。

13 **语默**：显隐，指出仕和隐居。

14 **隆窊**(wā)：兴隆或污败。窊，与"污"同义。

15 **长沙**：陶渊明的曾祖父陶侃在晋明帝时封长沙郡公。

16 **桓桓**：英武的样子。陶侃死后，谥号为"桓"。

17 **畴**：按世袭的等级封土。

18 **专征南国**：陶侃曾都督荆、湘、江等州军务，所以这么说。

19 **我祖**：陶渊明的祖父陶茂，曾任武昌太守。

20 **直**：正直。 **方**：法则。 **二台**：《汉官仪》："御使台内掌兰台秘书，外督诸州刺史，故以兰台为内台，刺史治所为外台。"二台即指内台、外台，犹言朝廷内外。

21 **千里:**郡守管辖的范围。

22 **於皇仁考:**於,叹词。皇、仁均为赞词。考,父死曰考。

23 **冥兹愠喜:**没有怒喜。指不因未作官而有怨意,也不因作官而有喜色。《论语·公冶长》:“令尹子文三仕为令尹,无喜色;三已之,无愠色。”

24 **三千:**古代刑罚名。《孝经》:“五刑之属三千,而罪莫大于不孝。”《晋书·谢尚传》:“夫无后之罪,三千所不过。”

25 **温恭朝夕:**朝朝夕夕温和恭敬。上文中“俨”的意思就是恭敬。

26 **念兹在兹:**时刻牢记这层意思。

27 **孔伋:**字子思,孔子的孙子。陶俨字求思,含有效法和学习孔伋之意。

28 **企而:**企及。而,语助词。

29 **“厉夜”二句:**厉,同“癞”,生癞疮的人。《庄子·天地》:“厉之人夜半生其子,遽取火而视之,汲汲然唯恐其似己也。”

译文

陶氏一族最早的祖先,
乃是那远古的陶唐。
虞宾以后历经数代,
仍保持了家族的荣光。
其后御龙任职于夏,
豕韦则一心辅佐殷商。
到周朝陶叔为司徒,
我族从此更加盛昌。

在战乱纷纷的战国时代,
在万马齐喑的衰周,
陶族如凤凰栖息于山林,
多少人作了隐士高卧云丘。

那虬龙盘绕着浓云，
那奔鲸掀起了急流。
上苍着意成全了汉代，
陶氏有人被封为愍侯。

声名赫赫的愍侯陶舍，
合当追随高祖一展雄风。
手执利剑迎风驰骋，
终于建立了不朽的武功。
汉高祖指山河以为誓，
愍侯被赐封于开封。
勤勉的陶青任丞相，
继承父业倍加显荣。

陶氏一族像大河源远流长，
像参天大树叶茂枝繁。
河分支流树分枝干，
陶氏子孙也渐渐支分派散。
有时显耀有时沉寂，
那是世道的盛衰使然。
直到东晋初期的曾祖父，
建功勋在长沙封职为官。

英勇威武的长沙郡公，
勋业昭著德行清高。
天子按世袭的等第封赏，
统领江南军务显英豪。

功成名就便急流勇退，
虽蒙宠幸却从不矜骄。
如此人杰如此品德，
近世以来何处可找！

祖父的为人严肃规矩，
有始有终是他的金科玉律。
作风正直朝廷内外称颂，
恩惠加民一郡交誉。
父亲的生性慈祥和蔼，
虚无恬淡清心寡欲。
虽然曾涉身于仕途，
但绝不因穷达而多虑。

可叹我如此寡见陋闻，
瞻望前人不能追比。
自顾苍苍鬓角深感惭愧，
形单影只茕茕孑立。
最怕的是背上不孝的罪名，
后嗣无人真令人心急。
我无时无刻不想着此事，
终于听到了你坠地的啼泣。

在美好祥和的一天，
在一个吉利的良时，
我郑重地为你取名为俨，
把你的字叫作求思。

希望你朝朝夕夕温和恭谨，
永远不要忘记我的用意。
我还想到孔子的后裔孔伋，
希望你继承家风长有出息。

生有癞疮的人深夜得子，
忙取火照看唯恐像自己。
世人都怀有这种心情，
我又怎能不前想后思。
既然看到你降生人世，
实指望你高飞远举。
人们常有这么一句话，
望子成龙之意不假不虚。

日子在一天天过去，
你也渐渐度过了孩提时代。
福分不会无故降临，
灾祸却容易随时袭来。
为你操心早起晚睡，
但愿你长大成为人才。
假如这希望终于落空，
我也只好听从命运的安排。

庚子岁五月中从都还阻风于规林二首[1]

一

原文

行行循归路，计日望旧居。
一欣侍温颜[2]，再喜见友于[3]。
鼓棹路崎曲，指景限西隅[4]。
江山岂不险，归子念前途。
凯风负我心，戢枻守穷湖[5]。
高莽眇无界，夏木独森疏。
谁言客舟远，近瞻百里余。
延目识南岭，空叹将焉如！

注释

1 **庚子岁：**晋安帝隆安四年（400）。 **规林：**地名，离作者家乡不远。

2 **侍温颜：**侍奉父母，这里指侍奉母亲，作者父亲当时已不在世。

3 **友于：**兄弟。

4 **景：**同“影”，指落日。

5 **戢枻：**停船。戢，收。枻，船桨。

译文

踏上归途便日夜兼程，

不时计算天数想望旧居。
能侍奉老母最使我欣喜，
能会见兄弟将更添情趣。

挥棹行船一路多艰难，
指着日影看它落向天隅。
江山的旅道岂不险恶，
但我只顾念前面的路途。

迅猛的南风违背我心愿，
归船受阻困守于荒湖。
深深的野草一望无际，
高大的林木枝叶扶疏。

谁说停着的船离家遥远，
近望旧居仅百里有余。
放眼一看认出了南边山岭，
只叹风阻归人不知何如！

二

原文

自古叹行役，我今始知之。
山川一何旷，巽坎难与期[1]。
崩浪聒天响，长风无息时。
久游恋所生[2]，如何淹在兹。
静念园林好，人间良可辞。

当年讵有几[3]，纵心复何疑。

注释

1 **巽坎：**八卦的两个卦名，巽代表风，坎代表水。

2 **所生：**原指父母，这里指母亲。

3 **当年：**壮年。

译文

人们从来慨叹行旅多艰，
我如今才算有所认识。
山川万里多么旷远，
风波变幻难以预期。
巨浪汹涌声震高天，
长风劲吹总无宁息。

游宦已久更思念老母，
我如何在此处稽迟。
还是家乡的林泉美好，
人世的官场早该脱离。
这壮年能有几多时日，
且纵情潇洒不必犹疑。

辛丑岁七月赴假还江陵夜行涂口[1]

原文

闲居三十载，遂与尘事冥。
诗书敦宿好[2]，林园无世情。
如何舍此去，遥遥至西荆！
叩枻新秋月，临流别友生。
凉风起将夕，夜景湛虚明。
昭昭天宇阔，皛皛川上平。
怀役不遑寐，中宵尚孤征。
商歌非吾事[3]，依依在耦耕[4]。
投冠旋旧墟，不为好爵萦。
养真衡茅下，庶以善自名。

注释

1 **辛丑岁：**晋安帝隆安五年(401)。**赴假：**回家休假。**江陵：**今湖北江陵县，当时为荆州治所。 **涂口：**在今湖北安陆市境内。

2 **诗书敦宿好：**意谓儒家典籍丰富了平生志趣。诗书，《诗经》与《尚书》，代指儒家经典。敦，加厚，丰富。

3 **商歌：**春秋时卫国人甯戚很想做官，便故意在齐桓公面前用商调放声歌唱，使桓公慨然而悟。事见《淮南子·主术训》。商，五音之一。

4 **耦耕：**两人并肩耕地。《论语·微子》："长沮、桀溺耦而耕，孔子过之，使子路问津焉。"长沮、桀溺为当时的隐士。

译文

闲居家乡将近三十载，
对人间万事不睬不闻。
“六经”丰富了早有的志趣，
园林使我淡忘了世情。
为何要舍弃这美好的生活，
到遥远的荆州去做幕宾？

在新秋的月光下荡桨待发，
临流别友真是难舍难分。
夜幕降临吹来阵阵凉风，
月光如水使万象空明。
辽阔的蓝天一碧如洗，
平静的江面清澈晶莹。
只因公事在身无暇休息，
半夜里还要独自远行。

热心求禄不是我的正事，
朝思暮想在田野躬耕。
但愿辞官返回柴桑故居，
不再为乌纱帽费力劳神。
在简陋的茅舍修真养性，
庶几可保全美好的名声。

杂诗四首[1]

一

原文

遥遥从羁役，一心处两端[2]。
掩泪泛东逝[3]，顺流追时迁。
日没星与昴，势翳西山巅。
萧条隔天涯，惆怅念常餐。
慷慨思南归，路遐无由缘。
关梁难亏替[4]，绝音寄斯篇。

注释

1 《杂诗》原有十二首，写作时间不一，前八首作于晚年，后四首作于壮年（但也非一时之作）。现据王瑶先生编注的《陶渊明集》将后四首列为前期之作。

2 **一心处两端：**谓既在外行役，又心挂家中。

3 **泛东逝：**陶渊明 29 岁时曾到江苏任镇军将军刘裕的参军，所以说“泛东逝”，可参见《饮酒二十首・十》：“在昔曾远游，直至东海隅。”

4 **关梁难亏替：**行役于旅途，无法停止。关梁，关卡和桥梁。亏替，废止。

译文

羁旅行役不知多少路程，

身处道途却惦挂家中细情。
在东去的舟中掩面垂泪，
顺流而下追赶时日的行踪。
太阳落山后看星光灿烂，
星光又渐没于西边的山峰。

景物萧条更觉离家遥远，
想家人一日三餐是否常能。
感慨丛生愈思念南归，
但千里迢迢一时难成。
辛苦奔波如今还须继续，
音问断绝聊寄情于诗中。

二

原文

闲居执荡志，时驶不可稽。
驱役无停息，轩裳逝东崖[1]。
沉阴拟薰麝，寒气激我怀。
岁月有常御，我来淹已弥。
慷慨忆绸缪[2]，此情久已离。
荏苒经十载，暂为人所羁。
庭宇翳余木，倏忽日月亏。

注释

1 **轩裳:**指行役时坐的车子。轩，车。裳，车帷。 **东崖:**东边。
2 **绸缪:**此处借指胸怀、志趣。

译文

闲居可以随意放纵情怀，
只是时光流逝年复一年。
不得已奔走行役难停息，
车带征尘直到东海边沿。
天阴阴云沉沉寒气袭人，
像薰麝之气在身边周旋。

岁月的运行有一定的常规，
我来到人世倏忽将满程限。
回忆当日的豪情慷慨不已，
昔时的志向早已如梦如烟。
不知不觉又十易寒暑，
暂时还得在仕途稽延。
庭中的树木垂垂生发，
谁不叹日月疾驰犹如飞箭。

三

原文

我行未云远[1]，回顾惨风凉。
春燕应节起，高飞拂尘梁。
边雁悲无所，代谢归北乡。
离鹍鸣清池[2]，涉暑经秋霜。
愁人难为辞，遥遥春夜长。

注释

1 **未云远**:时间不久远。云,语助词。

2 **离鹍**:失群的鹍鸡。鹍是一种水禽。

译文

我离家行役时间不算太长,
回想起来一路是悲风凄凉。
那新春的燕子应时而来,
飞入千家万户的尘梁。
那边地的大雁哀鸣失所,
按照规律飞回北方的故乡。
那离群的鹍鸡在清池悲啼,
想它熬过酷暑又独对秋霜。
伤心的行人有苦难言,
春夜寂黑沉沉何时可亮。

四

原文

嫋嫋松标崖,婉娈柔童子。
年始三五间[1],乔柯何可倚[2]?
养色含津气[3],粲然有心理[4]。

注释

1 **三五间**:十五岁左右。

2 **乔柯**:高大的枝干。

3 **养色**:蓄养精神。

4 **心理**:神理。

译文

山崖上一株柔美的青松，
就像一名英俊可爱的孩童。
年龄既然还如此幼小，
又怎能急切指望它成材？
若能蓄养精神永葆生气，
自会鲜明美好富有神采。

和郭主簿二首[1]

一

原文

蔼蔼堂前林，中夏贮清阴。
凯风因时来，回飙开我襟。
息交游闲业[2]，卧起弄书琴。
园蔬有余滋，旧谷犹储今。
营己良有极，过足非所钦。
舂秫作美酒，酒熟吾自斟。
弱子戏我侧[3]，学语未成音。
此事真复乐，聊用忘华簪[4]。
遥遥望白云[5]，怀古一何深！

注释

1 **郭主簿:**名字及生平事迹不详。**主簿:**掌管府县文书的官吏。

2 **游:**游心,指精神集中于某一件事情、某一种境界。**闲业:**相对正事而言,指下文所谓“弄书琴”。

3 **弱子:**幼子。

4 **华簪:**官吏头上戴的华美的发簪,此处指代功名。

5 **白云:**《庄子 · 天地》:“千岁厌世,去而上仙,乘彼白云,至于帝乡。”后遂以“白云”这一意象隐喻求仙访道,隐居不仕。

译文

堂前一片茂密的树林,
在炎夏里蕴藏着凉阴。
南风因时而来轻轻吹拂,
回风掀动了我的衣襟。
断绝交游而乐于闲事,
一觉醒来且观书抚琴。

田园中菜蔬欣欣滋长,
仓库里陈米储积至今。
人生衣食应知满足,
过多的需求非我本心。

且舂些高粱酿成美酒,
酒熟后悠然自饮自斟。
年幼的儿子在身边嬉戏,
咿呀学语还不成腔声。

这等生活是如此真朴欢快，
因此让我忘却了富贵功名。
遥望那天际的白云缕缕，
怀古之情竟愈来愈深。

二

原文

和泽周三春[1]，清凉素秋节。
露凝无游氛，天高肃景澈。
陵岑耸逸峰，遥瞻皆奇绝。
芳菊开林耀[2]，青松冠岩列。
怀此贞秀姿，卓为霜下杰。
衔觞念幽人，千载抚尔诀[3]。
检素不获展[4]，厌厌竟良月。

注释

1 **和泽**：雨水调和。 **周**：遍，整个。
2 **开林耀**：在林中开放，耀眼夺目。
3 **抚**：坚守，把握。 **诀**：要诀妙道，指松菊（也兼指幽人）的节操。
4 **检素不获展**：检点平素，有志未展。

译文

刚过了雨水调和的春天，
转眼又到凉爽的秋风季节。
露水凝结了飘浮的雾霭，
天高气肃万景澄澈。

远处的山峰耸入云端，
千姿百态无不奇绝。
芳菊在深林中盛开，
青松在悬岩巅傲列。
这坚贞秀美的姿质，
卓然是霜中的豪杰。

举杯遥想那古代的高人隐士，
千百年永葆松菊般高风亮节。
平生之志而今已成泡影，
对此清秋难免愁思郁结。

癸卯岁始春怀古田舍二首[1]

一

原文

在昔闻南亩，当年竟未践。
屡空既有人[2]，春兴岂自免？
夙晨装吾驾，启途情已缅。
鸟哢欢新节，泠风送余善[3]。
寒竹被荒蹊，地为罕人远[4]。
是以植杖翁[5]，悠然不复返。
即理愧通识[6]，所保讵乃浅[7]！

注释

1 **癸卯岁:**晋安帝元兴二年(403)。 **怀古田舍:**在田舍怀古。

2 **屡空:**长期生活贫苦。《论语·先进》记载孔子的学生颜回专心志学,经常贫困,所以孔子说:"回也其庶乎,屡空。"

3 **泠风送余善:**《庄子·逍遥游》:"御风而行,泠然善也。" 泠风,和风。余,多余,很多。善,美好。

4 **地为罕人远:**田地因人迹罕至而觉偏远。

5 **植杖翁:**《论语·微子》记载孔子周游列国:"子路从而后,遇丈人,以杖荷蓧。子路问曰:'子见夫子乎?' 丈人曰:'四体不勤,五谷不分,孰为夫子?' 植其杖而芸。" "植" 通 "置","芸" 通 "耘"。植杖翁是一位隐士。

6 **即理愧通识:**即以此理而论,会使那些所谓通识之士感到惭愧。魏晋之际,一些士大夫以随世俗浮沉、不重节操为通达有见识,陶渊明不以为然。

7 **所保:**所坚持的,所信守的。

译文

以前曾听说过田间的事情,
可惜当时未能躬身实践。
既然有像颜回一样贫穷的人,
春耕之忙我也应该不免。

一清早拉上牲口驾起车,
才动身心思已飞向田间。
鸟儿在欢唱新春的到来,
和风轻拂令人无限欣然。
青竹遍布荒芜的小径,
这田土人迹罕至略显偏远。

我由此领悟到荷蓧的老翁，
为什么悠然隐耕绝不改变。
今世的达人愧对此中深理，
我所坚守的信念谁说肤浅！

二

原文

先师有遗训，忧道不忧贫[1]。
瞻望邈难逮，转欲志长勤。
秉耒欢时务[2]，解颜劝农人。
平畴交远风，良苗亦怀新。
虽未量岁功[3]，即事多所欣。
耕种有时息，行者无问津[4]。
日入相与归，壶浆劳近邻。
长吟掩柴门，聊为垄亩民。

注释

1 **忧道不忧贫**：《论语·卫灵公》："子曰：'君子谋道不谋食。耕也，馁在其中矣；学也，禄在其中矣。君子忧道不忧贫。'"

2 **时务**：及时应干的农活。

3 **岁功**：全年的收成。

4 **问津**：参见《辛丑岁七月赴假还江陵夜行涂口》注 4。

译文

孔夫子留下了一条遗训：
君子忧虑世道不忧虑贫穷。

哲人的思想可望而不可即，
于是我立志要长年躬耕。

手持农具喜滋滋忙起农活，
笑逐颜开频频慰勉村民。
平坦的田野里和风微漾，
青秀的新苗正欣欣向荣。

今年的收成虽不能预计，
但眼前的景色足令人开心。
有时候我在田边休息，
却不见像夫子一样的行人。

傍晚与大伙一道踏上归途，
拿出酒来慰劳同行的近邻。
回到家关上柴门纵情吟唱，
从今且安居垄亩远离世尘。

劝 农

原文

悠悠上古，厥初生民。
傲然自足，抱朴含真。
智巧既萌，资待靡因[1]。

谁其赡之？实赖哲人。

哲人伊何？时为后稷。
赡之伊何？实曰播植。
舜既躬耕，禹亦稼穑。
远若周典，八政始食[2]。

熙熙令德，猗猗原陆[3]。
卉木繁荣，和风清穆。
纷纷士女，趋时竞逐[4]。
桑妇宵兴，农夫野宿。

气节易过，和泽难久[5]。
冀缺携俪[6]，沮溺结耦[7]。
相彼贤达，犹勤垄亩。
矧伊众庶，曳裾拱手！

民生在勤，勤则不匮。
宴安自逸，岁暮希冀？
儋石不储，饥寒交至。
顾尔俦列[8]，能不怀愧？

孔耽道德，樊须是鄙[9]。
董乐琴书，田园弗履[10]。
若能超然，投迹高轨[11]。
敢不敛衽，敬赞德美。

注释

1 **资待靡因：**供给需求没有依靠。资待，指生活资料。

2 **远若周典，八政始食：**周典，指《尚书》中的《周书》。《周书·洪范》："八政：一曰食，二曰货，三曰祀，四曰司空，五曰司徒，六曰司寇，七曰宾，八曰师。" 八政，八大政务。

3 **原陆：**指田地。

4 **趋时：**赶农时，赶季节。

5 **和泽：**雨水调和。

6 **冀缺携俪：**冀缺，人名。《左传·僖公三十三年》记载，冀缺在田中锄草，其妻送饭给他吃，夫妻相待如宾。

7 **沮溺结耦：**见《辛丑岁七月赴假还江陵夜行涂口》注4。

8 **俦列：**同辈，同伴。这里指辛勤劳动的人。

9 **孔耽道德，樊须是鄙：**樊须即樊迟，孔子弟子。有一次他请教种庄稼的事，孔子颇为鄙视。见《论语·子路》。

10 **"董乐"二句：**董，汉代大学者董仲舒。《汉书》本传说他少年时专心学业，三年不到园中去。

11 **投迹：**指踏着古人足迹。 **高轨：**崇高的方向。

译文

在遥远的上古时代，
生活着最早的先民。
自给自足逍遥度日，
情怀朴实心地纯真。
以后人们斗智弄巧，
需求供给渐陷困境。
天下百姓谁来赡养？
还得靠贤明的哲人。

贤明的哲人是谁？
就是那杰出的后稷。
靠什么维持生活？
他教农民开荒种植。
连舜帝也亲自耕田，
禹帝也成年忙于农事。
那古代的典籍《周书》，
说八大政务“食”为第一。

美好的政德播于四方，
田地里五谷不断生长。
草木在大地滋衍繁生，
温和的春风吹拂万象。
普天下的男男女女，
趁农时你显身手我逞强。
辛勤的蚕妇摸黑起早，
劳累的农夫露宿田壤。

农事的气节匆匆易过，
雨水调和毕竟难久。
即使冀缺也携妻子劳动，
长沮桀溺也并肩耕土。
看看这些古代的高人隐士，
竟然都不耻躬耕于垄亩。
何况世间的一般百姓，
怎能饭来张口衣来伸手？

人生应该勤劳不息，
勤劳才会足食丰衣。
如果只贪图享乐，
年终又何以维持生计？
如果平时不注意储备，
饥寒交迫便成为常事。
面对勤劳富裕的人们，
怠惰者难道不惭愧难已？

孔夫子致力于匡扶世风，
瞧不起想学种田的樊须。
董仲舒年轻时专心学问，
林园中三年没他的足迹。
果真能那样卓然超群，
尽管追攀前人投身大事。
我岂敢不赞颂大师德行，
但一般人却绝不可如此。

癸卯岁十二月中作与从弟敬远[1]

原文

寝迹衡门下，邈与世相绝。
顾盼莫谁知，荆扉昼常闭。
凄凄岁暮风，翳翳经日雪。

倾耳无希声，在目皓已洁。
劲气侵襟袖，箪瓢谢屡设[2]。
萧索空宇中，了无一可悦。
历览千载书，时时见遗烈。
高操非所攀，谬得固穷节。
平津苟不由，栖迟讵为拙？
寄意一言外，兹契谁能别？

注释

1 作者与堂弟（即从弟）敬远志趣相投，写这首诗的时候，二人在一起躬耕。后敬远早逝，作者有《祭从弟敬远文》。

2 **箪瓢谢屡设：**《论语·雍也》："贤哉回也。一箪食，一瓢饮，在陋巷，人不堪其忧，回也不改其乐。"回，指孔子弟子颜回。全句说像颜回那样箪食瓢饮的生活也难以常有。

译文

隐没行踪住在简陋的茅舍，
早已与世俗尘风远相隔绝。
左寻右顾不见知我心思的人，
柴门长闭从白天到黑夜。

严冬的北风凄凄怒号，
终日飘飞着遮天的大雪。
倾耳细听不闻落地之声，
举目四望唯见江山皆白。

陈旧的冬衣挡不住寒流，
箪食瓢饮的生活时有时缺。

独居萧条索寞的空屋之中，
一切都难以使人心悦。

唯有披阅流传千载的旧籍，
才时时想见古代的遗烈。
崇高的风操不敢追攀，
只误学了固守贫困的品节。

大道如不能任人行走，
栖居田园又岂为愚拙。
聊作此篇以寄托心思，
你我志趣相投谁能识解？

酬丁柴桑[1]

原文

有客有客，爰来宦止[2]。
秉直司聪，惠于百里。
餐胜如归[3]，聆善若始[4]。

匪惟谐也，屡有良游。
载言载眺，以写我忧。
放欢一遇，既醉还休。
实欣心期，方从我游。

注释

1 **丁柴桑：**作者家乡柴桑县县令（古代常以地名称呼郡县官职）。

2 **宦止：**为官。止，语助词。

3 **餐胜：**欣赏至理。餐，这里作动词用，"吃"的意思，引申为吸取、欣赏。**胜：**至理、卓见。 **如归：**如同回到家里一般，指高兴。

4 **聆善若始：**倾听善言，不管听多少次，总是像第一次听到时那么认真对待。

译文

你是一位特殊的客人，
到这里来担任地方官职。
秉公持正又能体察下情，
一县的民众都称颂政绩。
有人说理你总是那么高兴，
倾听善言你总是那么谦虚。

你我不只是情趣相投，
也曾多次一同欢快地出游。
一边交谈一边眺望远景，
以此消去心中的忧愁。
每逢相会都要尽情一乐，
开怀畅饮一醉方休。
我真心地期待着再次相聚，
再次携手出游赏心悦目。

停　云[1]

原文

停云，思亲友也。樽湛新醪[2]，园列初荣，愿言不从[3]，叹息弥襟。

霭霭停云，蒙蒙时雨。
八表同昏，平路伊阻[4]。
静寄东轩，春醪独抚。
良朋悠邈，搔首延伫。

停云霭霭，时雨蒙蒙。
八表同昏，平陆成江。
有酒有酒，闲饮东窗。
愿言怀人，舟车靡从。

东园之树，枝条再荣。
竞用新好，以招余情。
人亦有言，日月于征。
安得促席，说彼平生。

翩翩飞鸟，息我庭柯。
敛翮闲止[5]，好声相和。

岂无他人，念子实多。
愿言不获，抱恨如何！

注释

1 **停云**：凝聚不动的云。
2 **湛**：清澄。
3 **愿言不从**：愿，思念。言，语助词。《诗经·邶风·终风》："愿言则怀。"此处借"愿言"二字表示怀想朋友。不从，不遂意，不顺心。
4 **伊阻**：隔阻。伊，语助词。
5 **闲止**：闲静。止，语助词。

译文

写《停云》这首诗，是因为看到天空凝聚不散的浮云，而引发了对亲友的思念。杯中盛满清澄的新鲜米酒，庭园中成行成列的花卉初开，思念亲友而无从见面，只能独自叹息，泪流满襟。

这重重叠叠的浓云！
这蒙蒙如网的季雨！
天地之间一片昏暗，
平坦之路也遭隔阻。

静静地倚立在茫茫东窗之下，
把浓浓的春酒独个儿喝足。
知心朋友都在远方，
搔首思念默然无语。

这浓云啊，重重叠叠！
这季雨啊，蒙蒙如网！

天地之间一片昏暗，
平坦之地化作川江。

好酒啊好酒，
闲来且把盏凭窗。
思念亲友一往情深，
惜无车船送至远方。

东园里经冬的树木，
如今已叶绿枝青。
竞相展现新生的风采，
的确令我乐而忘情。

警诫世人有一句名言：
时光流逝，岁月飞奔。
真想和朋友欢快相会，
如平时一样促膝谈心。

自由自在的飞鸟，
这会儿在庭树上歇落。
安闲地收拢翅膀，
啼鸣不断相互欢歌。

岂无旁人可以思念？
只是想你的时候居多。
思念而无从相见，
遗恨重重真无可奈何！

时　运

原文

时运，游暮春也。春服既成[1]，景物斯和，偶影独游[2]，欣慨交心。

迈迈时运，穆穆良朝。
袭我春服，薄言东郊[3]。
山涤余霭，宇暧微霄。
有风自南，翼彼新苗。

洋洋平泽，乃漱乃濯。
邈邈遐景，载欣载瞩。
人亦有言，称心易足。
挥兹一觞，陶然自乐。

延目中流，悠想清沂。
童冠齐业，闲咏以归。
我爱其静，寤寐交挥[4]。
但恨殊世，邈不可追。

斯晨斯夕，言息其庐。
花药分列，林竹翳如。

清琴横床，浊酒半壶。
黄唐莫逮[5]，慨独在余。

注释

1 **春服既成:**《论语·先进》:“暮春者，春服既成，冠者五六人，童子六七人，浴乎沂，风乎舞雩，咏而归。”这是孔子弟子曾点最向往的事。

2 **偶影:**与影为偶伴。

3 **薄言:**来到。言，语助词。

4 **寤寐交挥:**醒来和睡着的时候都在想。

5 **黄唐:**黄帝、唐尧之世。

译文

《时运》这首诗，写的是暮春三月游览时的所见所想。春装着在身上，景物融和，独自一人游观，高兴和感慨之情交织心头。

四时在不断地运转，
又是一个温暖的晨朝。
穿上闲置已久的春装，
来到了东边的近郊。

残余的云霭轻拂着青山，
浅浅的彩霓模糊了碧霄。
一阵南风徐徐地吹过，
新苗涌起绿色的轻潮。

平整的湖面多么宽阔，
且用这春水把身心洗濯。
远处无边无际的美景，

令我欣然而忘情注目。

世人有一句名言：
只要称心就该满足。
今天且尽掌中杯，
欢快无加自得其乐。

我注视远处的江流，
遥想那沂水清绿如醅。
学生们习完了功课，
悠闲地吟咏着同归。

我羡慕那闲静的生活，
白天和夜晚思绕心扉。
世道不同啊令人怅恨，
上古的纯朴邈远难追。

美好的清晨，迷人的傍晚，
我都闲居在简陋的草庐。
喜看花卉和药草成列，
树丛与竹林翠绿如流。

拨动我心爱的琴弦，
半壶浊酒浇尽忧愁。
黄唐之世不可再现，
感慨百端时绕心头。

荣 木[1]

原文

荣木，念将老也。日月推迁，已复九夏。总角闻道，白首无成。

采采荣木，结根于兹。
晨耀其华，夕已丧之。
人生若寄，憔悴有时。
静言孔念[2]，中心怅而。

采采荣木，于兹托根。
繁华朝起，慨暮不存。
贞脆由人，祸福无门。
匪道曷依[3]，匪善奚敦[4]？

嗟予小子，禀兹固陋。
徂年既流，业不增旧。
志彼不舍，安此日富[5]。
我之怀矣，怛焉内疚。

先师遗训，余岂云坠？
四十无闻，斯不足畏[6]。

脂我名车，策我名骥。
千里虽遥，孰敢不至？

注释

1 **荣木：**木槿，植物名，夏季开花，朝开暮落。
2 **孔念：**特别念及。孔，甚。
3 **匪道曷依：**非正道何所依从。
4 **匪善奚敦：**非善举何能勉励。敦，敦促，勉励。
5 **日富：**指饮酒。《诗经·小雅·小宛》："壹醉日富。"
6 **四十无闻，斯不足畏：**《论语·子罕》："四十五十而无闻焉，斯亦不足畏也已。"这里作者反用其意，认为年四十而未成名，并不可怕。

译文

《荣木》这首诗，是因为看到木槿花朝开暮落，并联想到自己行将年老，有所感而写下的。岁月迁移，夏季转眼即将结束。唉！少年时代就听说过圣贤之道，想不到如今两鬓渐白，仍一事无成！

这一株株繁盛的木槿，
扎根于肥沃的大地。
清晨才开出艳丽的花朵，
到夜间便萎落尘泥。

人生宛如寄居在世间，
势必有衰老憔悴的时日。
心中稍静便常有此念，
不免感慨良多怅然若失。

这一株株繁盛的木槿，

在肥沃的大地扎根。
艳丽的花朵清晨盛开，
只可惜日暮便衰落无存。

贤贞和脆弱由人自决，
得祸得福更全凭自身。
若非正道绝不能依从，
若非善举绝莫劝人实行。

可叹我这个渺小的凡人，
禀性是如此的固执浅陋。
岁月已经白白地流逝，
平平学识竟依然如旧。

对理想的追求虽孜孜不倦，
却安心于成天酣醉美酒。
内心的深处百感交集，
忧伤愁苦我时时自疚。

先师孔子留下的遗训，
我岂敢不常常牢记？
行年四十而默默无闻，
想来也没有什么可惧。

装饰我的名车涂上新油，
骑上我不知疲倦的良骥。
遥远的目标虽在千里之外，

有什么理由不追求到底?

始作镇军参军经曲阿作[1]

原文

弱龄寄事外,委怀在琴书。
被褐欣自得[2],屡空常晏如[3]。
时来苟冥会[4],踠辔憩通衢[5]。
投策命晨装[6],暂与园田疏。
眇眇孤舟逝,绵绵归思纡。
我行岂不遥,登降千里余。
目倦川途异,心念山泽居。
望云惭高鸟,临水愧游鱼。
真想初在襟,谁谓形迹拘。
聊且凭化迁,终返班生庐[7]。

注释

1 **镇军参军:**即镇军将军的参军。镇军将军指刘裕。刘裕在公元404年率军平定桓玄的叛乱,收复京城,任镇军将军,同年任陶渊明为参军。**曲阿:**地名,在今江苏省丹阳市境内。

2 **被褐:**穿着粗布做的衣服。

3 **屡空常晏如:**屡空,盛食的器具空着,比喻常年贫困。晏如,安然自得。

4 **苟冥会:**姑且悄然迎合。言外之意,见得不是十分情愿。

5 **踠辔憩通衢:**放松马辔,暂时在大路上休息。踠辔,指放松马辔,不得纵情驰骋。全句比喻屈身仕途。

6 **投策:**投,弃置。策,手杖。

7 **班生庐:**指隐居之所。班生指汉代班固,他在《幽通赋》中说:“终保己而贻则兮,里上仁之所庐。”

译文

年轻时不愿关心世事,
潇洒度日寄情于琴书。
衣着简朴却欣欣然自得,
饮食常缺而意满心舒。

时运既来姑且悄然迎合,
委曲求全栖身于仕途。
弃置手杖清晨整理行装,
暂且告别躬耕的田土。

乘着一叶孤舟独自远去,
绵绵不尽的归思无法消除。
艰苦的行程是那么遥远,
山高水低跋涉千里有余。

看倦了异乡的水陆风景,
心中只思念山泽间的旧居。
仰望浮云惭对空中的飞鸟,
俯视流水愧比江中的游鱼。

纯真的志向当初便在胸中,

谁说我如今已为形迹所拘。
眼下且听任造化的安排，
我终究要返山林结一草庐。

连雨独饮

原文

运生会归尽[1]，终古谓之然。
世间有松乔[2]，于今定何间？
故老赠余酒，乃言饮得仙。
试酌百情远，重觞忽忘天。
天岂去此哉，任真无所先[3]。
云鹤有奇翼，八表须臾还。
自我抱兹独[4]，僶俛四十年。
形骸久已化，心在复何言！

注释

1 **运**：自然规律。　**会**：当。　**归尽**：死亡。
2 **松乔**：赤松子和王子乔。赤松子是上古神农氏的雨师，王子乔是周灵王的太子。传说二人后来都成了神仙。
3 **任真无所先**：任真，只以纯真之性观物和处世。无所先，无所谓先后。全句说，如果能以真朴的性情观世，则人天也无所谓先后。
4 **抱兹独**：独抱这种（任真）信念。

译文

大自然的规律是有生有死，
自远古以来莫不如此。
赤松子王子乔那样的仙人，
于今在世间的何处可见？

乡间的故老送来了好酒，
竟称喝醉了便可以成仙。
试酌数杯顿觉杂念全消，
再连连畅饮忽已忘了上天。

上天难道真已不复存在，
依我看人天同寿难分后先。
谁见云中鹤有奇异的双翅，
载仙人游八表顷刻飞还？

自从我抱守这纯朴的信念，
自励自勉已有四十余年。
形骸虽早就发生了变化，
真心犹在又何必多言！

乙巳岁三月为建威参军使都经钱溪[1]

原文

我不践斯境，岁月好已积。
晨夕看山川，事事悉如昔。
微雨洗高林，清飙矫云翮。
眷彼品物存，义风都未隔[2]。
伊余何为者，勉励从兹役[3]。
一形似有制[4]，素襟不可易。
园田日梦想，安得久离析。
终怀在归舟，谅哉宜霜柏[5]。

注释

1 **乙巳岁：**晋安帝义熙元年(405)。 **建威参军：**建威将军的参军。建威将军指江州刺史刘敬宣。 **钱溪：**地名，今安徽省池州市贵池区梅根港。

2 **义风：**美好的风尚。

3 **勉励：**辛劳勤勉。

4 **一形：**一己之身形。

5 **谅哉：**的确。

译文

还是很久以前来过此地，
岁月如流一晃又是多年。

清晨和薄暮游观山水，
眼中景物莫不依旧如前。

微雨洗洁了参天的树木，
飞鸟在劲风中翱翔云天。
一品一物都令人眷怀，
美好的风尚又得相延。

我奔波来此所为何事？
辛劳困苦为官差所遣。
身形虽已受到种种制约，
但本心决不会易辙改弦。

家乡的园田常出现在梦中，
离开的时间越长越是想念。
我最终的志向是归隐故居，
要学耐霜的松柏坚贞不变。

归园田居五首

一

原文

少无适俗韵[1]，性本爱丘山。

误落尘网中，一去十三年[2]。
羁鸟恋旧林，池鱼思故渊。
开荒南野际，守拙归园田。
方宅十余亩[3]，草屋八九间。
榆柳荫后檐，桃李罗堂前。
暧暧远人村，依依墟里烟。
狗吠深巷中，鸡鸣桑树巅。
户庭无尘杂，虚室有余闲。
久在樊笼里，复得返自然。

注释

1 **适俗韵：**适应世俗的气质。

2 **十三年：**作者从 29 岁出任江州祭酒，到 41 岁辞官归隐，共十三年。

3 **方宅：**围绕着住宅。方，围绕。

译文

从小就无适应世俗的气质，
天性只钟情于一丘一山。
谁知误入了尘世的罗网，
奔走仕途转眼过了十三年。
笼中的小鸟眷恋旧时山林，
池中的鱼儿怀想昔日深潭。
生性愚拙的我终返故居，
喜欣欣开荒于山野之南。

住宅四周有十余亩园地，
茅草盖成的房屋有八九间。

榆树柳树在屋后形成一片浓荫，
桃李芬芳在堂前争奇斗艳。

远处的村庄隐隐约约，
不时升起了缕缕炊烟。
深巷中传来一声声狗吠，
雄鸡在桑枝高处啼叫正欢。

我这纯洁的庭院不染世尘，
在虚静的居室里心闲意淡。
多年被关锁在樊笼之中，
而今自由自在返归于自然。

二

原文

野外罕人事，穷巷寡轮鞅[1]。
白日掩荆扉，虚室绝尘想。
时复墟里人，披草共来往[2]。
相见无杂言，但道桑麻长。
桑麻日已长，我土日已广。
常恐霜霰至，零落同草莽。

注释

1 **轮鞅：**指车马。鞅，拉车时套在牲口颈上的皮带。

2 **披草：**拨开野草。

译文

闲居野外与世人很少来往，
偏僻的小巷里车马声难响。
白日里总是关上柴门，
独处静室不将世事怀想。

村里的人们自得其乐，
拨开野草不时互相走访。
见面以后没有多余的话，
只谈论桑麻生长得怎样。

桑麻一日比一日长高，
田土一天比一天宽广。
就怕无情的霜雪突然降临，
桑麻冻死寒落如同草莽。

三

原文

种豆南山下，草盛豆苗稀。
晨兴理荒秽，带月荷锄归。
道狭草木长，夕露沾我衣。
衣沾不足惜，但使愿无违。

译文

在南面的山坡下种上豆子，
不料豆苗稀疏杂草猛长。

清晨起来去除草施肥，
傍晚才扛上锄头踏月归庄。

狭窄的小路旁草木丛生，
露水沾湿了我的衣裳。
衣裳被沾湿不必可惜，
只要不违背我归耕的愿望。

四

原文

久去山泽游[1]，浪莽林野娱[2]。
试携子侄辈，披榛步荒墟。
徘徊丘垄间[3]，依依昔人居。
井灶有遗处，桑竹残朽株。
借问采薪者："此人皆焉如[4]？"
薪者向我言："死殁无复余。"
一世异朝市[5]，此语真不虚。
人生似幻化，终当归空无。

注释

1 **久去山泽游**：长期离开山林水泽外出做官。去，离开。游，游宦。
2 **浪莽**：纵情放浪。
3 **丘垄**：指坟墓。
4 **此人**：此处的人。
5 **一世异朝市**：当时的成语。意谓经过三十年，朝市的面貌便完全改变。一世，古代以三十年为一世。朝市，人们聚居之处。

译文

久离山泽宦游于四方，
于今归来在林园纵情欢娱。
带着孩子和侄儿一同前来，
拨开荆榛踏上圮废的村墟。

我在乱坟荒冢之间徘徊，
依稀辨认出前人的居址。
水井和炊灶还留有遗迹，
桑树和竹林只剩下枯枝。

我向入山采樵的人打听：
"此处的人们今已何去？"
采樵人凄凄然只有一言：
"这些人都已死亡无遗。"

常言三十年市朝面貌必变，
这话真是一点也不假不虚。
人生有如幻化而成的一梦，
虚渺空无必是最终的结局。

五

原文

怅恨独策还[1]，崎岖历榛曲。
山涧清且浅，可以濯吾足。
漉我新熟酒，只鸡招近局[2]。

日入室中暗[3]，荆薪代明烛。
欢来苦夕短，已复至天旭。

注释

1 **策还：**拄杖而归。
2 **近局：**近邻。
3 **日入：**日落。

译文

怀着惆怅的心情扶杖独归，
高低不平的小路长满荆莽。
山间的涧水又清又浅，
洗洗脚顿觉精神倍爽。

滤好我近来酿造的新酒，
杀一只肥鸡招近邻同享。
日落西山屋中渐渐转暗，
烧燃柴火可以代替烛光。
尽情欢乐只恨夜间太短，
不知不觉又已旭日临窗。

归　鸟

原文

翼翼归鸟，晨去于林。

远之八表，近憩云岑。
和风不洽，翻翮求心[1]。
顾俦相鸣，景庇清阴[2]。

翼翼归鸟，载翔载飞。
虽不怀游，见林情依。
遇云颉颃，相鸣而归。
遐路诚悠，性爱无遗[3]。

翼翼归鸟，相林徘徊。
岂思天路，欣反旧栖。
虽无昔侣，众声每谐。
日夕气清，悠然其怀。

翼翼归鸟，戢羽寒条[4]。
游不旷林，宿则森标。
晨风清兴，好音时交。
矰缴奚施，已卷安劳[5]。

注释

1 **翻翮求心：**翻然掉转双翅回飞，以求遂顺自己的心意。

2 **景庇清阴：**仰慕清凉蔽阴之处。景，仰慕，思慕。

3 **性爱：**天性相亲相爱。

4 **戢羽：**收拢翅膀。

5 **"矰缴"二句：**疲倦的归鸟已不想再高飞远游，何劳世人再设置捕鸟的矰缴呢？卷，通"倦"。

译文

从容不慌的归山之鸟，
清晨曾离开茂密的丛林。
高飞远举不畏路遥千里，
疲倦时暂憩于云中山顶。
和风有时也不遂顺心意，
便翻然转身飞上归程。
引颈长鸣与同伴互相致意，
但求找到清凉的大树栖身。

从容不慌的归山之鸟，
时而盘旋时而展翅迎风。
不想再远飞千里万里，
瞥见丛林便一往情深。
在云海之中时上时下，
只想及早归林而相顾长鸣。
归程虽然还十分遥远，
但一路上都会相爱相亲。

从容不慌的归山之鸟，
在树林高处徘徊不前。
难道还想飞向天涯远处？
不是不是，只想回归故园。
故园里虽没有昔日的伴侣，
但百鸟和鸣使乐趣频添。
天色已晚山气更加清爽，
此时此刻心中更觉悠然。

从容不慌的归山之鸟，
在清冷的树枝上啄着羽毛。
飞游不越出这空旷的山林，
夜晚就栖宿在高高的树梢。
清新的晨风吹醒了好梦，
在旭日的霞光中一齐鸣叫。
倦了倦了，不再高飞远游，
世人又何必劳神空设矰缴？

责　子

原文

白发被两鬓，肌肤不复实。
虽有五男儿[1]，总不好纸笔。
阿舒已二八，懒惰故无匹。
阿宣行志学，而不爱文术。
雍端年十三[2]，不识六与七。
通子垂九龄，但觅梨与栗。
天运苟如此，且进杯中物。

注释

1 **五男儿：**作者共有五子，大名依次是俨、俟、份、佚、佟。舒、宣、雍、端、通都是小名。

2 **雍端：**雍、端年纪相同，可能是双生子。

译文

不知不觉已两鬓添霜，
腰板儿也不如以前硬实。
虽然有五个活泼的男孩，
但都不喜欢铺纸拿笔。
大儿子阿舒已经十六岁，
懒惰贪玩真是无人可匹。
二子阿宣即将年满十五，
却从不见他发愤学习。
三子四子都已过了十三，
连最简单的字也不认识。
最小的阿通快满九岁，
只知道要吃梨子栗子。
如果我的命运注定是这样，
那就只管饮酒不必多虑。

戊申岁六月中遇火[1]

原文

草庐寄穷巷，甘以辞华轩[2]。
正夏长风急，林室顿烧燔。
一宅无遗宇，舫舟荫门前[3]。

迢迢新秋夕，亭亭月将圆。
果菜始复生，惊鸟尚未还。
中宵伫遥念，一盼周九天。
总发抱孤介，奄出四十年。
形迹凭化往，灵府长独闲[4]。
贞刚自有质，玉石乃非坚[5]。
仰想东户时[6]，余粮宿中田。
鼓腹无所思，朝起暮归眠。
既已不遇兹，且遂灌我园。

注释

1 **戊申岁：**晋安帝义熙四年(408)。

2 **甘以辞华轩：**意谓甘心不慕荣华富贵。华轩，官吏乘坐的华美的车驾。

3 **舫舟荫门前：**指遇火之后，暂时寄居在门前的船上。

4 **灵府：**心灵。

5 **“贞刚”二句：**我具有坚贞刚直的本性，超过玉石之坚。

6 **东户：**东户季子，古代君主。《淮南子·缪称训》：“昔东户季子之世，道路不拾遗，耒耜余粮，宿诸亩首。”宿，储放。

译文

我的草庐搭在偏僻的陋巷，
心甘情愿不求荣华富贵。
盛夏里突然刮起了大风，
林木环绕的居室顿时着燃。
所有的房舍被烧光殆尽，
只好暂时寄居门前的舟船。

新秋到来之后夜晚渐长，

高空的皓月转眼将圆。
果树和菜蔬又开始复生，
火光惊走的鸟儿尚未飞还。
半夜里久久伫立深思遐想，
望九天上下空阔无边。

从小抱守孤高耿介的气节，
光阴荏苒弹指四十余年。
身形顺应自然不断变衰，
心境却始终悠然自闲。
生就坚贞刚直的本性，
比玉石还要坚实纯贞。

遥想远古的东户时代，
余粮竟可以储放田间。
百姓丰衣足食无忧无虑，
各家日出而作日入安眠。
如此淳朴的世风今难再遇，
我姑且安心归隐耕灌园田。

己酉岁九月九日[1]

原文

靡靡秋已夕，凄凄风露交。
蔓草不复荣，园木空自凋。
清气澄余滓，杳然天界高。
哀蝉无留响，丛雁鸣云霄。
万化相寻绎[2]，人生岂不劳。
从古皆有没，念之中心焦。
何以称我情？浊酒且自陶。
千载非所知，聊以永今朝[3]。

注释

1 **己酉岁：**晋安帝义熙五年(409)。
2 **万化：**万事万物。 **相寻绎：**相互循环更迭，相互演变。
3 **永今朝：**留住今天。永，延长，延留。

译文

岁月悠悠又到了深秋九月，
霜露频降更兼北风萧萧。
蔓生的野草根老茎枯，
园中的树木枝败叶凋。
清朗的秋气消去空中尘埃，

杳杳然但觉宇阔天高。
悲伤的寒蝉不再吟唱，
成群的大雁长鸣云霄。

世间万物莫不循环更替，
人生变化无常岂不劬劳。
自古以来为人难免一死，
想到此如何能不心焦？

用什么抚慰我郁结的情怀？
只有把盏斟酒独自逍遥。
千百年以后的事非我所知，
聊且及时行乐留住今朝。

庚戌岁九月中于西田获早稻[1]

原文

人生归有道，衣食固其端[2]。
孰是都不营，而以求自安？
开春理常业，岁功聊可观。
晨出肆微勤[3]，日入负耒还。
山中饶霜露，风气亦先寒。
田家岂不苦？弗获辞此难。
四体诚乃疲，庶无异患干[4]。

盥濯息檐下，斗酒散襟颜。
遥遥沮溺心[5]，千载乃相关。
但愿长如此，躬耕非所叹。

注释

1 **庚戌岁**：晋安帝义熙六年(410)。

2 **端**：首要。

3 **肆微勤**：干轻活。肆，从事，参加。微勤，指轻微的农活。

4 **异患**：意外的灾患。 **干**：干扰，干犯。

5 **沮溺**：古代的隐士长沮、桀溺。参见《辛丑岁七月赴假还江陵夜行涂口》注4。

译文

人生依守着一定的常理，
衣着饮食当在百事之前。
谁可以对此不闻不问，
却能安常处顺无挂无牵？

开春时我便忙于日常农事，
一年下来收成还算可观。
每天大清早便去干些轻活，
傍晚才背着农具徐徐归返。

山里的阳光不足而多霜露，
气候比山外早冷先寒。
农家一年到头岂不辛苦？
却无法摆脱耕作的艰难。

身体的疲倦算不了什么，
只要不发生意外的灾患。
收工洗完手足在檐下休息，
喝几杯淡酒一笑开颜。

古代的隐士长沮桀溺，
千载以后竟与我意合心连。
但愿有生之年能如此生活，
耕田种地决不会怨叹。

移居二首

一

原文

昔欲居南村，非为卜其宅[1]。
闻多素心人，乐与数晨夕[2]。
怀此颇有年，今日从兹役[3]。
弊庐何必广，取足蔽床席。
邻曲时时来，抗言谈在昔[4]。
奇文共欣赏，疑义相与析。

注释

1 **卜其宅：**用占卜之法选择吉祥的住宅。

2 **数晨夕:**计算日子。

3 **兹役:**指移居之事。

4 **抗言:**热烈地交谈。 **在昔:**往昔之事。

注释

我很早就想搬来南村居住。
并非选中这里有什么吉屋。
只因村中人大都心地纯真,
可以共话家常朝夕相处。

怀着这种愿望已有多年,
如今终于在此安家落户。
简陋的居室不求宽广,
只要能铺下床席就该满足。

友好的邻人随时来访,
热烈地谈论着昔日的掌故。
有时读到奇妙的好文章,
遇上疑难便相与赏析领悟。

二

译文

春秋多佳日,登高赋新诗。
过门更相呼,有酒斟酌之。
农务各自归,闲暇辄相思。
相思则披衣,言笑无厌时。

此理将不胜[1]，无为忽去兹。
衣食当须纪[2]，力耕不吾欺。

注释

1 **此理：**指上文所写的生活乐趣。 **将：**岂。
2 **纪：**经营自理。

译文

春去秋来有许多良辰吉日，
可以登高远眺赋诵新诗。
村民们走门串户相互寻呼，
每有好酒便相聚欢娱。

农忙之时各自辛勤劳作，
闲暇之际便彼此怀思。
想到对方就披上衣裳出门，
会面后纵情言笑毫无倦意。

这种生活真可谓乐趣无穷，
我决不会轻易地舍此而去。
衣着饮食之事要亲自动手，
努力耕种就定能达到目的。

与殷晋安别[1]

原文

殷先作晋安南府长史掾，因居浔阳[2]。后作太尉参军，移家东下，作此以赠。

游好非久长，一遇尽殷勤。
信宿酬清话[3]，益复知为亲。
去岁家南里，薄作少时邻[4]。
负杖肆游从，淹留忘宵晨。
语默自殊势[5]，亦知当乖分，
未谓事已及，兴言在兹春[6]。
飘飘西来风，悠悠东去云。
山川千里外，言笑难为因。
良才不隐世，江湖多贱贫。
脱有经过便[7]，念来存故人。

注释

1 **殷晋安：**殷铁，字景仁。殷曾任江州晋安郡南府长史掾（长史是郡丞，掾是书记一类的官职），家住浔阳，与陶渊明有交往。后改任太尉刘裕的参军，这首诗即作于殷赴新任之前。

2 **浔阳：**今江西九江市。

3 **信宿：**一夜为宿，两夜为信。

4 **薄:**语助词。 **少时邻:**短时间的邻居。
5 **语默:**语,对时势发表看法,指做官。默,对时势沉默寡言,指隐居不仕。
6 **兴言:**兴,兴起,发生。言,语助词。
7 **脱有:**倘有。

译文

殷景仁原先任晋安郡南府长史掾之职,因而家居浔阳。以后又改任太尉刘裕的参军,举家迁移,沿长江东下,临行前我写了这首诗送别。

你我交游相好并不很久,
初次见面便彼此倾吐真情。
经过一两夜的恳切交谈,
更觉得置腹推心亲密难分。

我去年才搬来南村居住,
还只做了你几个月的近邻。
拄手杖相与纵情游乐,
流连山水不管他日出月升。

出仕和隐居自是地位不同,
也知分别的时候终会来临。
不想这一天如此快地来到,
分手作别就在今春。

啊,飘飘西来的长风!
啊,悠悠东去的浮云!
别后山川阻隔路途遥远,

难得再有机会欢聚谈心。
有才干的人不隐居世外，
遁迹江湖者多是我辈闲人。
日后倘若得便经过此地，
别忘了想起我前来寻问。

五月旦作和戴主簿[1]

原文

虚舟纵逸棹，回复遂无穷[2]。
发岁始俯仰[3]，星纪奄将中[4]。
南窗萃时物，北林荣且丰。
神渊写时雨[5]，晨色奏景风[6]。
既来孰不去，人理固有终。
居常待其尽[7]，曲肱岂伤冲[8]！
迁化或夷险[9]，肆志无窊隆[10]。
即事如已高，何必升华嵩[11]。

注释

1 **五月旦：**五月初一。 **戴主簿：**生平事迹不详。主簿，府县中掌管文书的官吏。

2 **“虚舟”二句：**以虚舟纵棹往来疾驶，喻岁月的迅速循环。

3 **发岁：**岁初。 **俯仰：**俯仰之间，指时间过得很快，觉得短暂。

4 **星纪：**星次名。古代以星次纪年，星纪为丑年。此诗作于义熙九年癸丑

(413)。

5 **写:**倾泻。

6 **景风:**夏至以后的南风。

7 **居常待其尽:**晋皇甫谧《高士传》:“贫者,士之常也;死者,民之终也。居常以待终,何不乐也?”居常,居贫。

8 **曲肱:**弯着胳膊代替枕头,指生活贫困。《论语·述而》:“饭蔬食,饮水,曲肱而枕之,乐亦在其中矣。” **冲:**指道。

9 **迁化:**命运的变化。

10 **肆志:**肆意,纵意。 **窊(wā)隆:**高下起伏的样子。这里引申为人们地位的高低贵贱。窊,低下。隆,隆起。

11 **华嵩:**华山和嵩山,古人认为这是方士和神仙居住的地方。

译文

时间像空舟在流水中飞逝,
日月循环运行无尽无穷。
一年似乎才刚刚开始,
俯仰之间又到了岁中。

南窗外萃集了夏时的景物,
屋北的树林枝叶正丰。
好雨知时自天空飘飘洒下,
晨光初露吹来阵阵南风。

时令的景色有来有去,
人生世上也必有一终。
安于贫困不怕死期将至,
曲肱而卧岂于大道有损。

命运的变化安危难测，
听之任之无所谓贵贱穷通。
明乎此理便是高明之士，
何必上华山嵩山修炼道功。

形影神[1]三首

原文

贵贱贤愚，莫不营营以惜生，斯甚惑焉！故极陈形影之苦，言神辨自然以释之。好事君子，共取其心焉。

译文

世人无论富贵卑贱，也无论贤明愚昧，没有谁不想方设法爱惜生命，这真是难以理解。所以我写下这组诗，详尽地陈述人形、人影的苦恼，也说明神是如何用自然的道理向形、影做解释的。关心此事的人，或许都可以从中得到某些启发。

形赠影

原文

天地长不没，山川无改时。
草木得常理，霜露荣悴之[2]。
谓人最灵智，独复不如兹。
适见在世中，奄去靡归期。

奚觉无一人[3]，亲识岂相思？
但余平生物，举目情凄洏。
我无腾化术，必尔不复疑。
愿君取吾言，得酒莫苟辞。

注释

1 **形影神：**指人的形体、影子和精神。这组诗的内容乃针对当时庐山东林寺主释慧远的《形尽神不灭论》和《万佛影铭》而发。释慧远以形影神三者宣扬佛教信仰，陶渊明作此以辨之。
2 **霜露荣悴之：**严霜使之每年枯萎，雨露使之每年新生。悴，凋零，衰落。
3 **奚觉无一人：**哪会觉得世间少了一人，意谓久而久之便会将死了的人淡忘。
4 **洏**(ér)**：**流泪的样子。

译文

天地之形永远不会消亡，
山河之貌万年不会改变。
草木也深得长存之道，
风霜雨露使之岁换新颜。

都称赞人为万物之灵，
却独不如草木枯而又繁。
刚才还看见某人活在世上，
忽然间他已死去永不生还。

久而久之人们便将他淡忘，
亲朋戚友又岂会永远思念？
只剩下他生前用过的遗物，
看着便使人泪流满面。

我没有长生不老之术，
必然像常人那样不免一死。
请你牢记我良言一句：
有好酒便畅饮务莫迟延。

影答形

原文

存生不可言[1]，卫生每苦拙[2]。
诚愿游昆华[3]，邈然兹道绝。
与子相遇来，未尝异悲悦。
憩荫若暂乖，止日终不别。
此同既难常，黯尔俱时灭。
身没名亦尽，念之五情热。
立善有遗爱[4]，胡为不自竭？
酒云能消忧，方此讵不劣？

注释

1 **存生**：长生。
2 **卫生**：养生。
3 **昆华**：昆仑山和华山。
4 **立善**：古人将立德、立功、立言称为“三不朽”，总称“立善”。

译文

长生不老是无稽之谈，
养生之术也苦于难学。
想去游昆仑华山求仙访道，
但山高路远把人阻绝。

我自从与你相遇以来，
未曾有过不同的伤悲喜悦。
在荫处休息时暂时离开，
在阳光下终是不能分别。

你我原来就难以相依永存，
期限一到更会一同泯灭。
身死之后声名也烟消云散，
想到此谁能不五情皆热。

生前立善可以泽被后人，
为何不努力奋斗坚持不懈？
饮酒虽说可以消忧解愁，
忘记了人生正事岂不愚劣？

神释

原文

大钧无私力，万理自森著。
人为三才中[1]，岂不以我故？
与君虽异物，生而相依附。
结托既喜同[2]，安得不相语？
三皇大圣人[3]，今复在何处？
彭祖爱永年[4]，欲留不得住。
老少同一死，贤愚无复数。
日醉或能忘，将非促龄具？

立善常所欣，谁当为汝誉？
甚念伤吾生，正宜委运去[5]。
纵浪大化中[6]，不喜亦不惧。
应尽便须尽，无复独多虑。

注释

1 **三才**：指天、地、人。

2 **结托**：指影、神的结合与分离。

3 **三皇**：传说中的三位远古帝王，即伏羲、神农、燧人。

4 **彭祖**：传说中的长寿者，活了800岁。

5 **委运**：听天由命的意思。

6 **纵浪**：放浪。 **大化**：指宇宙自然。

译文

谁也改变不了宇宙的规律，
万物生长茂盛形态各殊。
人居于天地之中，
岂不是有我的缘故？

我与你们尽管身份不同，
但有生以来就相依相附。
离合生死相同既是好事，
又怎能不将心中话细诉？

三皇那样的远古圣人，
今天又生活在世间何处？
彭祖希望永远享受人生，
想长留人世终不免作古。

年长的年轻的都将死去，
贤明者愚昧者无不同定数。

日日醉酒或能忘记生死，
但饮酒难道不伤身损寿？
生前立善常可聊以自慰，
但死后谁又会将你称誉？
多思多虑有损于健康，
正该一切都听命于造物。

在天地之间放浪形骸，
任其自然凡事不喜不惧。
人生该终结时便当终结，
不必前思后想徒然愁苦。

止　酒

原文

居止次城邑，逍遥自闲止。
坐止高荫下，步止荜门里[1]。
好味止园葵，大欢止稚子。
平生不止酒，止酒情无喜。
暮止不安寝，晨止不能起。
日日欲止之，营卫止不理[2]。

徒知止不乐，未知止利己。
始觉止为善，今朝真止矣。
从此一止去，将止扶桑涘[3]。
清颜止宿容，奚止千万祀。

注释

1 **荜(bì)门：**指荆棘编织的院门。荜，丛生的草本植物。

2 **营卫：**指气血经脉。

3 **扶桑涘：**相传为神仙居住之所。扶桑，日出的地方。涘，边涯。

译文

我住在县城行止不出市邑，
逍遥自在悠悠然度日。
歇坐仅止于树荫之下，
散步不越出柴门棘篱。
最佳的美味是园中的葵菜，
最大的欢乐是与稚子嬉戏。

平生从没有戒酒的行动，
戒了酒心中会缺少乐趣。
无酒入夜以后不能安寝，
无酒清晨乏力不想早起。

近来虽每天想停止饮酒，
但又恐于气血经脉不利。
我只知道戒了酒不痛快，
却没想到戒酒有益于自己。

我终于明白了戒酒的好处，
今天真没有喝它一滴。

从此以往再不闻酒味，
直到做了神仙也始终如一。
直到仙颜焕发旧貌全改，
直到千年万年一戒到底！

和刘柴桑[1]

原文

山泽久见招[2]，胡事乃踌躇？
直为亲旧故，未忍言索居。
良辰入奇怀[3]，挈杖还西庐[4]。
荒途无归人，时时见废墟。
茅茨已就治，新畴复应畬。
谷风转凄薄[5]，春醪解饥劬。
弱女虽非男，慰情良胜无。
栖栖世中事，岁月共相疏。
耕织称其用，过此奚所须？
去去百年外，身名同翳如[6]。

注释

1 **刘柴桑：**刘程之，字仲思，彭城（今江苏徐州市铜山区）人。曾任柴桑（在今江西九江市西南）县令，后隐居庐山，自号遗民。庐山东林寺慧远创立白莲社，刘为十八贤之一，又与周续之、陶渊明被时人合称为“浔阳三隐”。

2 **山泽久见招：**刘遗民等曾邀请陶渊明加入白莲社。

3 **良辰入奇怀：**意谓天气好心情也好。

4 **挈杖还西庐：**陶渊明虽未加入白莲社，但与刘仍时常交往。这句写在刘处住了一段时间后返回自己的庐舍。

5 **谷风：**东风。 **转凄薄：**变得寒冷。

6 **翳如：**这里是湮没、消失的意思。

译文

你在庐山修道早把我相招，
我为何犹疑不决内心踌躇？
那是因亲人和好友的缘故，
不忍心离开他们而独居。

天朗气清心情格外舒畅，
拄着拐杖返回西山的草庐。
荒芜的路上看不到行人，
只有一片又一片的废墟。

茅草盖的房屋已开始修整，
还要治理一下新垦的田亩。
东风忽然吹来阵阵寒意，
只有春酒可以消除饥苦。

你不必因有女无男而遗憾，
女儿也一样可以孝敬父母。

世事的变化反复无常，
岁月催人渐老与世更相疏。

饮食衣着只要够吃够穿，
何必超过常人的用度？
料想你我百年之后，
名尽形消都只剩一抔黄土。

酬刘柴桑

原文

穷居寡人用[1]，时忘四运周[2]。
空庭多落叶，慨然知已秋。
新葵郁北牖，嘉穟养南畴[3]。
今我不为乐，知有来岁不？
命室携童弱[4]，良日登远游[5]。

注释

1 **寡人用：**很少人行走。用，行。
2 **四运周：**四季的运行。周，周而复始。
3 **嘉穟：**谷粒饱满的禾稻。穟，同“穗”。
4 **室：**妻室。
5 **登远游：**立即远游。登，顿时。

译文

偏僻的居处很少有人来往，
时常忘记了岁月的周流。
空寂的庭院里落叶纷纷，
才慨然想到已是深秋。

北窗下新种的葵菜盛长，
南地里金黄的稻谷待收。
今朝如果不及时行乐，
不知来年还活在人世否。
且叫妻子带上贪玩的孩子，
趁良辰吉日即刻远游。

杂诗八首[1]

一

原文

人生无根蒂，飘如陌上尘。
分散逐风转，此已非常身[2]。
落地为兄弟，何必骨肉亲。
得欢当作乐，斗酒聚比邻。
盛年不重来，一日难再晨。
及时当勉励，岁月不待人。

注释

1 参见《杂诗四首》注 1。

2 **此已非常身:**这已不是原先的样子了。

译文

人生寄居世间没有根柢,
飘飘忽忽有如路上的灰尘。
随风飞扬最终散落四方,
到此时仿佛已非原身。

来到世间大家都是兄弟,
何必只有骨肉才相爱相亲。
欢喜时应当一同作乐,
拿出好酒来招待四邻。

美好的年华一去不复返,
就像一天里没有两个早晨。
切记互相勉励珍惜时光,
岁月如流绝不会等人。

二

原文

白日沦西阿,素月出东岭。
遥遥万里辉,荡荡空中景。
风来入房户,夜中枕席冷。
气变悟时易,不眠知夕永。

欲言无余和，挥杯劝孤影。
日月掷人去，有志不获骋。
念此怀悲凄，终晓不能静。

译文

黄昏时候太阳落下西山，
月亮挂在东边的山岭。
蓝天如洗万里洒遍银辉，
浩荡无垠的空中唯有光影。

习习的凉风吹入房中，
深夜里渐觉枕席微冷。
气候变化说明时令的更替，
耿耿难眠更觉长夜无情。
欲诉衷肠却又难觅知心朋友，
且高举酒杯劝孤影同饮。

岁月匆匆而去不管人老，
壮志空怀竟不能驰骋。
想到此不由得悲从中来，
通宵达旦我心潮翻滚。

三

原文

荣华难久居，盛衰不可量。
昔为三春蕖[1]，今作秋莲房[2]。

严霜结野草，枯悴未遽央[3]。
日月还复周，我去不再阳[4]。
眷眷往昔时，忆此断人肠。

注释

1 **蕖：**芙蕖，即荷花。

2 **莲房：**莲蓬。莲蓬里面有多个小孔，分隔如房，内藏莲子，故名。

3 **未遽央：**没有马上死去。遽，急速。央，完，尽。

4 **不再阳：**不再复活。

译文

荣华之事如烟云难以持久，
盛衰之理如海水不可估量。
春天还是一株美丽的绿荷，
到秋天便结出了个个莲房。
严霜冻伤了遍地的野草，
枯黄憔悴但不会立即死亡。
那日月的运行是周而复始，
我死之后却不能重见阳光。
逝去的岁月多么使人留恋，
回想起来怎不无限悲伤！

四

原文

丈夫志四海，我愿不知老[1]。
亲戚共一处[2]，子孙还相保。
觞弦肆朝日[3]，樽中酒不燥。

缓带尽欢娱，起晚眠常早。
孰若当世士，冰炭满怀抱[4]。
百年归丘垄，用此空名道[5]。

注释

1 **不知老：**不知老境将至。《论语·述而》："发愤忘食，乐以忘忧，不知老之将至云尔。"这里非取原意，只是借用字面之义。

2 **亲戚：**指父母兄弟。

3 **觞弦：**指饮酒弹琴。 **肆：**陈列。

4 **冰炭：**指贪利和求名这两种矛盾思想。《淮南子·齐俗训》："贪禄者见利不顾身，而好名者非义不苟得。此相为论，譬若冰炭钩绳也，何时而合？"

5 **道：**引导。

译文

大丈夫本当志在四海，
我却愿闲过而不知年老。
父母兄弟一同相处，
子子孙孙永远相保。
从早到晚杯酒弦歌，
杯中的酒香长年不消。
尽情欢娱无拘无束，
逍遥度日起得迟睡得早。
怎像当今的名士高人，
功名利禄终生计较。
百年之后归葬黄土垄中，
人生何必被虚名误导！

五

原文

忆我少壮时，无乐自欣豫。
猛志逸四海，骞翮思远翥[1]。
荏苒岁月颓，此心稍已去。
值欢无复娱，每每多忧虑。
气力渐衰损，转觉日不如。
壑舟无须臾[2]，引我不得住。
前途当几许[3]？未知止泊处。
古人惜寸阴，念此使人惧。

注释

1 **骞**(qiān)**翮：**展翅。骞，高举。 **翥**(zhù)**：**飞翔。
2 **壑舟：**大山沟里的船，这里借指流逝的光阴。
3 **前途：**这里指今生剩余的时日。

译文

回忆我的青少年时代，
没有乐事也自欢自娱。
雄心壮志超越四海，
欲效法鹍鹏高飞远举。

光阴荏苒岁月推移，
昔日的豪情渐渐消去。
遇上欢快之事也不甚喜，
心中总有莫名的忧虑。

精力慢慢地衰退耗损，
转觉一天比一天不如。
光阴如飞舟一样疾驶，
我衰老的进程无法止住。

未来的岁月还有多少？
今生的归宿知在何处？
古人珍惜每一寸光阴，
我年华虚度岂不可惧！

六

原文

昔闻长者言[1]，掩耳每不喜。
奈何五十年，忽已亲此事。
求我盛年欢，一毫无复意[2]。
去去转欲速，此生岂再值？
倾家持作乐，竞此岁月驶[3]。
有子不留金[4]，何用身后置？

注释

1 **昔闻长者言：**西晋陆机《叹逝赋》序："昔每闻长老追计平生同时亲故，或凋落已尽，或仅有存者。"诗用此意。

2 **一毫无复意：**无复一毫意。

3 **竞此岁月驶：**和飞驶的岁月竞赛。

4 **有子不留金：**汉代疏广辞官归里，日与宾客欢聚。有人劝他为子孙购置田宅，广不从。事见《汉书·疏广传》。

译文

过去曾听老者谈论人生，
总是掩耳不闻毫无兴意。
水流花谢转眼五十年，
恍惚间已亲历人生万事。

想再度寻找盛年的欢乐，
竟得不到昔日的一丝情趣。
时光的逝去越来越快，
岂能有第二个今生今世？

耗尽家财以求及时行乐，
要将飞驰的岁月挽住。
有子孙也不必留下遗产，
又何须为身后事预做安置？

七

原文

日月不肯迟，四时相催迫。
寒风拂枯条，落叶掩长陌。
弱质与运颓[1]，玄鬓早已白。
素标插人头[2]，前途渐就窄。
家为逆旅舍，我如当去客。
去去欲何之？南山有旧宅[3]。

注释

1 **与运颓:**随着时间的流逝而衰颓。运,指时间的运转。

2 **素标插人头:**意谓白发长在头上,有如标记。

3 **旧宅:**老屋,指坟墓。作者《自祭文》说:“陶子将辞逆旅之馆,永归于本宅。”

译文

日行月走从不肯迟留,
四时交替何等急迫匆忙。
枯萎的枝条在寒风中颤抖,
纵横的阡陌上落叶铺黄。

虚弱的体质与日俱衰,
当年的青鬓早已飞霜。
白发像插在头上的标记,
告知我来日不会太长。

家庭如客人寄居的旅舍,
我就像要离走的客人一样。
走啊走啊究竟走向何方?
最终要在坟墓中长躺。

八

原文

代耕本非望[1],所业在田桑。
躬耕未曾替,寒馁常糟糠。

岂期过满腹，但愿饱粳粮。
御冬足大布[2]，粗𫄨以应阳[3]。
正尔不能得，哀哉亦可伤。
人皆尽获宜，拙生失其方[4]。
理也可奈何，且为陶一觞。

注释

1 **代耕**：指做官。官吏有俸禄，不耕而得衣食，故曰代耕。
2 **大布**：粗布。
3 **粗𫄨**：粗葛布。
4 **拙生**：作者自称。 **失其方**：不得其法。

译文

为官吏食俸禄非我所望，
我所喜欢的本业原是农桑。
亲身耕种多年不曾停止，
却不免忍饥挨冻吃些糟糠。

岂敢奢望饮食充裕有余，
只愿能够吃上大米粗粮。
大布衣就可抵御严冬寒冷，
粗麻服便能遮挡夏日阳光。
正因为起码的需求难得，
内心才感到无限悲伤。

看他人尽皆各得其所，
叹自身笨拙谋生无方。

没奈何这道理说不清楚，
姑且酩酊一醉万事都忘。

丙辰岁八月中于下潠田舍获[1]

原文

贫居依稼穑，勠力东林隈。
不言春作苦，常恐负所怀。
司田眷有秋[2]，寄声与我谐[3]。
饥者欢初饱，束带候鸣鸡。
扬楫越平湖，泛随清壑回[4]。
郁郁荒山里，猿声闲且哀。
悲风爱静夜，林鸟喜晨开。
曰余作此来，三四星火颓[5]。
姿年逝已老，其事未云乖。
遥谢荷蓧翁[6]，聊得从君栖。

注释

1 **丙辰岁:**晋安帝义熙十二年(416)。 **下潠:**地势低下且多水的地带。 **田舍:**指田间附近的庐舍。 **获:**收获。

2 **司田:**管理农务的官吏。 **有秋:**秋收。

3 **寄声:**托人带口信。 **谐:**相合。

4 **泛:**指泛船。全句说船儿随着山间的小河漂流。

5 **三四星火颓:**经历了十二个年头。三四，十二。星火，火星。颓，倾。火星下倾的时候，便是秋天。作者从公元405年辞官归田，到写这首诗时，已有十二年。

6 **荷蓧翁：**古代隐士。参见《癸卯岁始春怀古田舍二首·一》注5。

注释

生活贫困只有靠春种秋收，
我在东林隈努力耕作。
不想说春耕的辛勤劳苦，
常怕辜负了心中的寄托。
农官关心秋季的收成，
捎来的话与我意不期而合。

吃饱肚好干活心中欢喜，
束结衣带静候雄鸡高歌。
荡起船桨越过平整的湖面，
小船轻漂随着山溪的渌波。
不见人踪的荒山树木丛生，
猿声悲啼更觉山林寂寞。
静夜里掠过一阵阵凄风，
林鸟在拂晓时互歌互和。

我自从归田躬耕以来，
已见过十二次火星的倾落。
华年已逝早就感到了衰老，
但农事却从来未曾弃舍。
遥遥致意古代的荷蓧老人，
我真愿与你一同长期生活。

示周续之祖企谢景夷三郎[1]

原文

负疴颓檐下，终日无一欣。
药石有时闲[2]，念我意中人。
相去不寻常[3]，道路邈何因？
周生述孔业，祖谢响然臻。
道丧向千载，今朝复斯闻。
马队非讲肆[4]，校书亦已勤。
老夫有所爱，思与尔为邻。
愿言诲诸子，从我颍水滨[5]。

译文

1 **周续之：**字道祖，曾在庐山向东林寺主慧远学道，与隐士刘遗民、陶渊明并称“浔阳三隐”。萧统《陶渊明传》称，江州“刺史檀韶苦请续之出州，与学士祖企、谢景夷三人，共在城北讲礼，加以雠校。所住公廨，近于马队”。陶渊明因作此诗以讽之。

2 **药石有时闲：**有时候停止用药。药石，药剂和砭石，泛指药物。

3 **不寻常：**不远。

4 **马队：**马厩。

5 **颍水滨：**尧时隐士许由隐居颍水之滨，箕山之下。尧召他出来做官，许由不从，还到颍水滨去洗耳朵。见皇甫谧《高士传》。颍水，河流名，发源于河南登封，流入淮河。

译文

病中坐在破旧的屋檐下，
整日里无一事使人欢欣。
每当停止服药的时候，
便更加想念我关心的人。
我与你们相隔不是太远，
为什么会走上不同的路程？

续之你讲述孔子的儒学，
祖谢二人欣然响应相从。
孔子之道已千载不传，
如今在庐山难得有人继承。
但马厩毕竟不是讲舍，
校书的事也太劳苦辛勤。

我对你们一向有所爱惜，
真希望彼此成为近邻。
奉劝诸位多为日后着想，
来我处一同归隐躬耕。

诸人共游周家墓柏下

原文

今日天气佳，清吹与鸣弹。

感彼柏下人[1],安得不为欢?
清歌散新声,绿酒开芳颜。
未知明日事,余襟良已殚[2]。

注释

1 **柏下人:**指葬在柏树下的墓中人。
2 **良已殚:**意谓已特别尽兴。

译文

今日天朗气清如此美好,
大家在一起鼓瑟吹笙。
想到这长眠柏下的墓中人,
何不尽情欢乐且慰平生?

唱一曲新歌随风飘散,
喝几杯绿酒一笑开心。
明天的事情谁也不知晓,
我但觉此刻已忘情尽兴。

赠羊长史[1]

原文

左军羊长史,衔使秦川[2],作此与之。

愚生三季[3]后，慨然念黄虞[4]。
得知千载上，正赖古人书。
圣贤留余迹，事事在中都[5]。
岂忘游心目？关河不可逾。
九域甫已一，逝将理舟舆[6]。
闻君当先迈，负疴不获俱。
路若经商山[7]，为我少踌躇。
多谢绮与甪[8]，精爽今何如？
紫芝谁复采？深谷久应芜。
驷马无贳患[9]，贫贱有交娱[10]。
清谣结心曲，人乖运见疏[11]。
拥怀累代下，言尽意不舒。

注释

1 **羊长史：**羊松龄，陶渊明之友，时任左将军朱龄石的长史。长史，官名，将军属官，总理幕府。义熙十三年(417)，太尉刘裕北伐，攻破长安，灭后秦，驻军关中，朱龄石遣羊松龄赴关中称贺。

2 **秦川：**今陕西一带。

3 **三季：**夏、商、周三代末期。

4 **黄虞：**黄帝和虞舜。

5 **中都：**中州的旧时国都，指洛阳、长安等地。

6 **逝将：**将。逝是语助词，无义。

7 **商山：**在今陕西商洛市商州区东南，地形险要，景色亦佳。

8 **绮与甪**(lù)**：**绮里季和甪里先生，秦时隐士，与夏黄公、东园公一同隐居商山，称为“商山四皓”。

9 **驷马：**四匹马拉的车，此处指代富贵。 **贳**(shì)**：**赦免，免除。

10 **交娱：**连续不断的欢乐。以上四句，均用《四皓歌》词意。《高士传》记载绮里季等四人曾作歌曰：“莫莫高山，深谷逶迤。晔晔紫芝，可以疗饥。

唐虞世远,吾将何归?驷马高盖,其忧甚大。富贵之畏人兮,不如贫贱之肆志。”

11 **乖:**相违,指古人不可见。 **运:**时代,朝代。

译文

左将军幕府的羊松龄长史,奉命出使秦川,我写下这首诗相赠。

生逢今世远离夏商周三代,
常慨然想见上古的黄虞。
能熟知数千年以前的往事,
全凭着昔人撰就的史书。

圣贤留下辉煌功业的遗迹,
多集中在中原的故都。
难道没想到去那儿游历?
只是南北分裂关河难逾。

于今国家行将治于一统,
我也要准备车船踏上旅途。
听说你奉命出使先我而行,
可惜我因患病而不能同去。

你如果经过商山一带,
请在山路旁稍稍驻足。
为我致意山中的四位隐士,
精神气魄比之当年何如?

紫色的灵芝谁去采摘？
深谷的美景恐怕早已荒芜。
富贵从来不能免除祸患，
贫贱却能带来无尽的欢娱。

清新的《四皓歌》与我心相通，
但世易时移古人不可再遇。
百代之后的我感慨无穷，
言虽尽而心情郁结难舒。

饮酒二十首

余闲居寡欢，兼比夜已长，偶有名酒，无夕不饮。顾影独尽，忽焉复醉。既醉之后，辄题数句自娱。纸墨遂多，辞无诠次。聊命故人书之，以为欢笑尔。

一

原文

哀荣无定在，彼此更共之。
邵生瓜田中[1]，宁似东陵时。
寒暑有代谢，人道每如兹。
达人解其会[2]，逝将不复疑。
忽与一觞酒，日夕欢相持。

注释

1 **邵生：**邵平，秦时人，曾封东陵侯，秦亡后为庶民，在长安城东种瓜。

2 **解其会：**理解其中的道理。

译文

我闲居缺乏乐趣，加之近来夜晚逐渐延长，偶然得到名酒，便每晚必饮。对着自己的影子独酌，很快便醉了。醉了之后，就写几句诗自乐。诗稿于是慢慢多起来，其中的用辞命意，并无伦次。姑且请老朋友誊写一遍，用以作为一件乐事吧。

人生的盛衰没有定据，
二者互为影响互有联系。
邵平后来只落得种瓜谋生，
怎像为东陵侯时荣耀无比。
暑往寒来年年交相替代，
啊，莫不如此的人生之旅！

聪明人理会其中的奥妙，
逝去的一切不必追根究底。
快快斟满一杯好酒，
早晚欢娱我心如洗。

二

原文

积善云有报，夷叔在西山[1]。
善恶苟不应，何事立空言？

九十行带索[2]，饥寒况当年[3]。
不赖固穷节，后世当谁传。

注释

1 **夷叔：**伯夷、叔齐，商朝孤竹君的两个儿子，因互让君位而逃。周武王灭商，二人耻食周粟，采薇而食，饿死于首阳山。 **西山：**即首阳山。

2 **九十行带索：**古代隐士荣启期，活到九十岁，生活贫苦，以鹿皮为衣，以绳索为带，尚鼓琴而歌，悠然自乐。事见《列子·天瑞篇》。

3 **当年：**壮年。

译文

积善行德如果真有好报，
伯夷叔齐怎会饿死西山。
善行恶行如果没有报应，
为何立下善恶相报的空言？

荣启期九十岁以绳为衣带，
饥寒贫苦更甚于少壮之年。
若无固守穷困的坚贞节操，
百代之后谁肯传颂高贤。

三

原文

道丧向千载，人人惜其情[1]。
有酒不肯饮，但顾世间名。
所以贵我身，岂不在一生？
一生复能几，倏如流电惊。

鼎鼎百年内[2]，持此欲何成！

注释

1 **惜其情**：吝惜自己的感情，即无情，意谓人们对“道丧向千载”无动于衷。

2 **鼎鼎**：形体迟滞的样子，形容小人物得势后的形态。

译文

古代的世道人情丧失千载，
人们对此竟不闻不问。
纵有美酒也不敢开怀畅饮，
一味顾惜世间的虚名。

如果想珍惜自身的人格，
岂能不毕生全节全贞？
光阴飞度人生能有几多时日？
短暂得有如电闪一瞬。
庸碌的小人一生得势，
追名逐利到头一事无成！

四

原文

栖栖失群鸟，日暮犹独飞。
徘徊无定止，夜夜声转悲。
厉响思清远，去来何依依。
因值孤生松，敛翮遥来归。
劲风无荣木，此荫独不衰。

托身已得所，千载不相违。

译文

惶惶不安的一只孤鸟，
日暮还在空中独飞。
徘徊犹豫找不到住所，
每逢夜里啼声令人更觉伤悲。

厉声凄鸣思慕清远之境，
飞来飞去何枝可依！
忽见一株孤高的青松，
才收拢双翅遥遥来归。

强劲的大风使万木凋零，
独有这孤松长盛不衰。
寄身之所既然已经找到，
就应该永远不要离开。

五

原文

结庐在人境，而无车马喧。
问君何能尔，心远地自偏。
采菊东篱下，悠然见南山[1]。
山气日夕佳，飞鸟相与还。
此中有真意，欲辨已忘言[2]。

注释

1 **“采菊”二句**：相传服用菊花可以延年，南山则是长寿的象征。言“采菊”，言“南山”，都别有一层意思。 **见**：望见。一说，“见”同“现”。

2 **欲辨已忘言**：想加以辨析，却忘了该用什么语言表达。意谓既然理会了其中的真意，就不必辨析，也无法用语言辨析。

译文

在人世间搭就一间庐舍，
很难听到车马的喧阗。
若问何以如此能甘寂寞，
我说心境超脱处境自偏。

在东边的篱下随意采菊，
心思旷远悠然凝望南山。
山色在傍晚时愈觉优美，
成双结队的鸟儿陆续飞还。
这其中有多少自然的理趣，
欲加辨析又觉难以言传。

六

原文

行止千万端[1]，谁知非与是。
是非苟相形[2]，雷同共誉毁。
三季多此事[3]，达士似不尔。
咄咄俗中愚，且当从黄绮[4]。

注释

1 **行止**：行为举止。

2 **苟相形**：胡乱对比，随意判别。苟，随心。相形，相互比较。

3 **三季**：夏、商、周三代末期。

4 **黄绮**：夏黄公、绮里季，皆秦时隐士。详《赠羊长史》注 8、注 10。

译文

人生的行为千差万别，
谁能辨别其中的是与非。
是与非如果不加判别，
便会人云亦云难分誉毁。

夏商周之后多有此事，
卓有见识者则与此相违。
世间多是大惊小怪的庸人，
我要学商山四皓永远隐归。

七

原文

秋菊有佳色，裛露掇其英[1]。
泛此忘忧物[2]，远我遗世情。
一觞虽独进，杯尽壶自倾。
日入群动息[3]，归鸟趋林鸣。
啸傲东轩下，聊复得此生。

注释

1 **裛(yì)露**：沾带露水。裛，通“浥”，沾湿。 **掇**：采摘。

2 **泛:**泡。 **忘忧物:**指酒。

3 **群动:**各种物类的活动。

译文

秋天的菊花姿色最美,
和露采摘更觉芳芬。
黄黄的菊瓣泡上好酒,
令我忘世而脱俗超尘。
虽然是举杯独斟独饮,
却喝了个杯尽壶倾。

红日西沉万物将息,
百鸟鸣叫着飞向山林。
我在东廊边且歌且啸,
聊以感受人生的真情。

八

原文

青松在东园,众草没其姿。
凝霜殄异类,卓然见高枝。
连林人不觉[1],独树众乃奇。
提壶抚寒柯,远望时复为[2]。
吾生梦幻间,何事绁尘羁。

注释

1 **连林:**连成一片的树林。

2 **远望时复为:**即"时复为远望"的倒装句。

译文

东园里有一株高高的青松，
被丛生的杂草遮掩了英姿。
寒霜凝结万物都已凋敝，
独有它傲然挺拔着劲枝。
成片的树林人们不觉特别，
这孤独的一木方显瑰奇。
边喝酒边抚摸经霜的枝干，
时不时遥望远方略有所思。
短暂的人生有如梦幻，
何必为尘世的万事所羁。

九

原文

清晨闻叩门，倒裳往自开[1]。
问子为谁欤？田父有好怀。
壶浆远见候，疑我与时乖。
“褴缕茅檐下，未足为高栖[2]。
一世皆尚同，愿君汩其泥[3]。”
“深感父老言，禀气寡所谐。
纡辔诚可学[4]，违己讵非迷！
且共欢此饮，吾驾不可回。”

注释

1 **倒裳：**倒穿着衣裳，形容匆忙迎客，来不及穿好衣服。
2 **高栖：**高尚的隐居之所。

3 **汩(gǔ)其泥**:与众人同流合污。汩,把水搅动使之浑浊。泥,泥淖。

4 **纡辔**:放松马辔。马辔松开,马即不能奔跑。此以马之纡辔缓行,比喻人的委曲求全。

译文

清早有人轻轻地敲响柴扉,
我衣裳颠倒急把门开。
忙问是何人茅舍相访,
原来是一位老农有心前来。

他提着酒从远处赶来问候,
疑怪我与尘世久已相违。
"你衣裳破烂栖身茅屋,
这居所与隐者实不相谐。
举世以不分清浊为时尚,
愿先生随波逐流意转心回。"
"深深感谢您好言相劝,
只是我禀性难合时规。
虽可以学他人委身仕途,
但违背心愿岂不痴迷!
且一同畅饮壶中的好酒,
我志已决百折难摧。"

十

原文

在昔曾远游,直至东海隅[1]。

道路迥且长，风波阻中途。
此行谁使然？似为饥所驱。
倾身营一饱，少许便有余。
恐此非名计[2]，息驾归闲居。

注释

1 **东海隅：**这里指曲阿（今江苏丹阳市）。曲阿在晋时为南东海郡。陶渊明曾出任镇军将军刘裕的参军，经曲阿赴丹徒。

2 **非名计：**不是保全名声的好办法。

译文

我曾经因为做官而远游，
几乎到了东海的近边。
行程遥远历尽了艰险，
中途风波突起阻隔难前。

涉身仕途所为何事？
还不是谋生驱我使然。
竭尽全力经营衣食，
稍有所得便觉生计已宽。
但恐长此以往毁我名节，
终于毅然返归闲居田园。

十一

原文

颜生称为仁[1]，荣公言有道[2]。

屡空不获年[3],长饥至于老[4]。
虽留身后名,一生亦枯槁。
死去何所知,称心固为好。
客养千金躯,临化消其宝[5]。
裸葬何必恶[6],人当解意表。

注释

1 **颜生:**即颜回,孔子弟子,只活了二十九岁,所以下文说他"不获年"。孔子曾说他"其心三月不违仁"。

2 **荣公:**指荣启期。详见《饮酒》第二首注 2。

3 **屡空:**盛饮食的器具空着,意谓生活贫困。《论语·先进》:"回也其庶乎?屡空。"

4 **长饥至于老:**这句是说荣启期在饥寒中生活直至老死。

5 **临化:**临死。 **宝:**指"千金躯"。

6 **裸葬:**西汉杨王孙临终时嘱其子说,我想裸葬,以返吾真,以身亲土。见《汉书 · 杨王孙传》。

译文

颜回被孔子称为仁者,
荣启期被赞广有德行。
一人生活贫穷不免早逝,
一人忍饥守节年过九旬。
虽然这两人都名留千载,
一生却历尽了尘世艰辛。

人死后万事都不知晓,
活着时应该追求称心。
精心颐养千金之躯,

死后一样是黄土埋身。
裸身入葬有何可惧，
这才是彻底返璞归真。

十二

原文

长公曾一仕[1]，壮节忽失时。
杜门不复出，终身与世辞。
仲理归大泽[2]，高风始在兹。
一往便当已，何为复狐疑？
去去当奚道[3]，世俗久相欺。
摆落悠悠谈[4]，请从余所之。

注释

1 **长公：**西汉张挚。《史记·张释之传》："其子曰张挚，字长公，官至大夫，免。以不能取容当世，故终身不仕。"

2 **仲理：**东汉杨伦。《后汉书·儒林列传》："杨伦，字仲理……为郡文学掾。志乖于时……遂去职，不复应州郡命。讲授于大泽中，弟子至千余人。"

3 **去去：**越走越远，表示决绝。 **当奚道：**还有何可说。

4 **悠悠谈：**世俗的空谈。

译文

西汉的张挚曾一度为官，
气节壮烈却忽遭罢免。
闭门谢世不再复出，
终其一生居家赋闲。
后汉杨伦辞官返回大泽，

高风亮节由是流传。
一经出仕便应当归隐，
何必再把官场挂牵。
决心已下还有何可说，
世情浇薄早将我欺骗。
且摆脱空泛的高谈阔论，
请随我去尽情享受林泉。

十三

原文

有客常同止，取舍邈异境。
一士长独醉，一夫终年醒。
醒醉还相笑，发言各不领。
规规一何愚[1]，兀傲差若颖[2]。
寄言酣中客，日没烛当秉。

注释

1 **规规：**小心谨慎的样子。
2 **差若颖：**较为聪明。

译文

有两人饮食起居常在一起，
爱好和意趣却全然不同。
一人好酒常酩酊大醉，
一人终年不饮忧心忡忡。
两人有时候互相谈笑，

言语间心境各不相通。

醒者小心谨慎何其愚蠢,
醉者傲然视世真是聪明。
我有一言赠予豪饮醉客,
日暮还应该秉烛端起酒盅。

十四

原文

故人赏我趣,挈壶相与至。
班荆坐松下[1],数斟已复醉。
父老杂乱言,觞酌失行次。
不觉知有我,安知物为贵?
悠悠迷所留[2],酒中有深味。

注释

1 **班荆:**在地上铺列荆棘杂草。班,铺垫。

2 **悠悠:**这里是趋名附势的意思。《列子·杨朱篇》:“悠悠者,趋名不已。
迷所留:迷恋于所流连的东西,即迷恋于功名。

译文

朋友们欣赏我的志趣,
提着酒壶相随到我居处。
荆榛杂草铺在松林之下,
才饮数杯便醉颜相顾。

村中老人你一言我一语,

殷勤劝酒不分年序。
不知不觉陶然忘我，
谁稀罕身外物珍奇如玉？
迷恋功名富贵的小人，
哪知酒中滋味深如许！

十五

原文

贫居乏人工，灌木荒余宅。
班班有翔鸟[1]，寂寂无行迹。
宇宙一何悠，人生少至百。
岁月相催逼，鬓边早已白。
若不委穷达[2]，素抱深可惜。

注释

1 **班班：**鲜明美好的样子。
2 **委穷达：**抛开穷达之念。

译文

家贫闲居雇不起人工，
灌木丛生荒芜了住所。
只有美丽的飞鸟啼鸣，
人迹罕至寂然不闻声乐。

宇宙是如此的邈远无穷，
人生世间却高龄难获。

岁月如流催我衰老，
两鬓青青转眼霜飞雪裹。
富贵贫贱如果念念不忘，
便与平生怀抱太不相合。

十六

原文

少年罕人事，游好在六经[1]。
行行向不惑[2]，淹留遂无成。
竟抱固穷节，饥寒饱所更[3]。
弊庐交悲风，荒草没前庭。
披褐守长夜，晨鸡不肯鸣。
孟公不在兹[4]，终以翳吾情[5]。

注释

1 **六经：**儒家经典，指《诗》《书》《礼》《乐》《易》《春秋》。
2 **不惑：**指四十岁。《论语·为政》："四十而不惑。"
3 **更：**经历。
4 **孟公：**东汉刘龚，字孟公。当时有文士张仲蔚，家贫，居所野草丛生，时人莫识，唯刘龚知之。见皇甫谧《高士传》。
5 **翳吾情：**隐藏自己的真实感情。翳，遮蔽，隐没。

译文

年轻时不喜交往应酬，
所爱好的唯有儒家六经。
不知不觉年将四十，
隐退归田一事无成。

穷困守节终不改变，
饥寒饱受历尽酸辛。
简陋的庐舍悲风呜咽，
杂乱的荒草遮没前庭。

披着衣裳熬守漫漫长夜，
那晨鸡似有意不肯啼鸣。
知人的刘孟公不生今世，
终使我无处诉说真情。

十七

原文

幽兰生前庭，含薰待清风。
清风脱然至[1]，见别萧艾中[2]。
行行失故路，任道或能通。
觉悟当念还，鸟尽废良弓[3]。

注释

1 **脱然：**轻缓舒适的样子。

2 **萧艾：**古代诗文常用以指恶草，比喻恶人。《楚辞 · 离骚》："何昔日之芳草兮，今直为此萧艾也。"这两句是说，当清风吹过时，幽兰和萧艾就会被人区别出来。

3 **鸟尽废良弓：**古谣谚中有"飞鸟尽，良弓藏"的话，是说统治者以人才为工具，待天下已定，人才也就被废弃不用。

译文

兰花生长在庭院之中，
馨香蕴蓄只待清风。
当清风徐徐地吹过，
萧艾挡不住她馨香倍浓。

寻道而行常迷了旧路。
顺道而走或能一路畅通。
既已醒悟便应当归隐，
岂不见古来鸟尽弃良弓！

十八

原文

子云性嗜酒[1]，家贫无由得。
时赖好事人，载醪祛所惑[2]。
觞来为之尽，是谘无不塞[3]。
有时不肯言，岂不在伐国[4]。
仁者用其心，何尝失显默[5]！

注释

1 **子云：**扬雄，字子云，西汉大学者。

2 **祛所惑：**解其所惑。祛，消除，解除。

3 **谘：**同“咨”，咨询，询问。 **塞：**满足，满意。

4 **伐国：**《汉书·董仲舒传》：“闻昔者鲁公问柳下惠：‘吾欲伐齐，何如？’柳下惠曰：‘不可。’归而有忧色，曰：‘吾闻伐国不问仁人，此言何为至于我哉！’”诗中引用这个典故，是说扬雄不愿回答有关政治上的问题。

5 **显默：**显达与退隐。谓出仕与隐居。

译文

汉朝扬子云生性嗜酒，
只因家境贫困难以常得。
幸亏有一帮好事的人，
常抬着酒请他释疑解惑。

酒到时他便纵情畅饮，
凡所问都一一为之解说。
偶尔也缄口不发一言，
那是因问题与政事相涉。
仁者对一切都精心思考，
或显达或退隐岂有分别！

十九

原文

畴昔苦长饥，投耒去学仕。
将养不得节，冻馁固缠己。
是时向立年[1]，志意多所耻。
遂尽介然分[2]，终死归田里。
冉冉星气流[3]，亭亭复一纪[4]。
世路廓悠悠，杨朱所以止[5]。
虽无挥金事[6]，浊酒聊可恃。

注释

1 **向立年**：将近三十岁。《论语·为政》："三十而立。"
2 **介然分**：以耿介不随流俗为本分。

3 **星气流**：星宿节气运行，指光阴流逝。

4 **一纪**：十二年。陶渊明从辞彭泽令归田到写作此诗时已有十二年。

5 **杨朱**：战国时学者。他见到歧路而哭，因为在歧路上可以南行，也可以北走。见《淮南子 · 说林训》。

6 **挥金事**：西汉疏广辞官归里，用皇帝赏赐的金钱与宾客欢聚饮宴。参见《杂诗八首 · 六》注 4。

译文

当年因苦于缺衣少食，
离开田园踏上了仕途。
为供养一家而不得其法，
受冻挨饿自不能免除。
那时我已经年近三十，
羞惭愧悔之情难向人诉。

于是我决心坚守耿介之节，
毅然归隐打算老死匡庐。
岁月悠悠眼看星移斗转，
从此是漫长的十二度春秋。

人世之道如此空茫邈远，
难怪那杨朱要哭泣于歧路。
我虽不能随意挥金宴客，
但有了浊酒便觉人生已足。

二十

原文

羲农去我久[1]，举世少复真。
汲汲鲁中叟[2]，弥缝使其淳。
凤鸟虽不至[3]，礼乐暂得新[4]。
洙泗辍微响[5]，漂流逮狂秦。
诗书复何罪？一朝成灰尘。
区区诸老翁[6]，为事诚殷勤。
如何绝世下，六籍无一亲[7]？
终日驰车走，不见所问津[8]。
若复不快饮，空负头上巾。
但恨多谬误，君当恕醉人。

注释

1 **羲农：**伏羲氏、神农氏，传说中上古治世的明君。

2 **鲁中叟：**指孔子，孔子是春秋时鲁国人。

3 **凤鸟虽不至：**太平盛世虽然没有来到。《论语·子罕》："凤鸟不至，河不出图，吾已矣夫！"

4 **礼乐：**指夏商周三代为教化民风而制作的礼乐。孔子所处的时代，周王朝衰落而礼乐废止，后经孔子整理，礼乐又得以再传。

5 **洙泗：**洙水、泗水，在今山东省曲阜市北，孔子曾在这里讲学。

6 **区区：**谨慎。 **诸老翁：**指秦代儒生济南伏生、淄川田生等人。西汉初年，他们都已八九十岁了，又从隐居之所出来讲授六经。

7 **六籍：**即六经。

8 **问津：**参见《辛丑岁七月赴假还江陵夜行涂口》注 4。

译文

伏羲神农离现在何其遥远，
如今的世道难见朴实纯真。
春秋时辛劳的孔夫子，
修修补补世风曾逐渐变淳。
象征太平的凤凰虽未出现，
古代的礼乐却一度翻新。

而后洙泗之地也乐沉礼辍，
岁月飞流不幸到了狂秦。
《诗经》《尚书》有何罪过？
霎时烧作了黑色灰尘。
西汉初有几位殷勤的老翁，
为传授儒学费尽了精神。
为何在汉朝灭亡以后，
再没有人接触儒家六经？
有人为名利终日驾车驰走，
却不见高人志士询问河津。

若不痛快淋漓地饮酒，
便辜负了这滤酒的头巾。
只怨我言行失检多有谬误，
请诸君多多原谅醉中之人。

还旧居[1]

原文

畴昔家上京，六载去还归。
今日始复来，恻怆多所悲。
阡陌不移旧，邑屋或时非。
履历周故居[2]，邻老罕复遗。
步步寻往迹，有处特依依。
流幻百年中，寒暑日相推。
常恐大化尽[3]，气力不及衰。
拨置且莫念[4]，一觞聊可挥。

注释

1 **旧居：**指柴桑旧居。陶渊明从柴桑移居上京，数年后遭遇火灾，乃移居南村。此诗系描写在南村居住多年后回柴桑旧居的所见所想。

2 **履历：**足迹所到。 **周：**遍。

3 **大化尽：**生命终结。

4 **拨置：**抛开。

译文

从前我一度移居上京，
六年之中常返回柴桑看望。
事隔多年今又重游旧地，

不由得百感交集心中凄怆。

田间的小路还是当年旧貌，
村中的房屋已非昔时模样。
走遍故居的前后左右，
邻居中的老人多已丧亡。
一步步寻觅往日的旧迹，
好几处地方尤令人怀想。

人生有如处在梦幻之中，
空叹岁月如梭寒来暑往。
常恐在生命终结的时候，
我还精力未衰高龄未享。
暂且把这些念头远远抛开，
将杯中的酒喝它个精光。

悲从弟仲德[1]

原文

衔哀过旧宅，悲泪应心零。
借问为谁悲，怀人在九冥。
礼服名群从[2]，恩爱若同生。
门前执手时，何意尔先倾！
在数竟未免，为山不及成[3]。

慈母沉哀疚，二胤才数龄[4]。
双位委空馆[5]，朝夕无哭声。
流尘集虚坐，宿草旅前庭。
阶除旷游迹，园林独余情。
翳然乘化去，终天不复形[6]。
迟迟将回步，恻恻悲襟盈。

注释

1 **从弟：**堂弟。仲德事迹不详。
2 **礼服：**指五服亲疏关系。 **名群从：**名义上讲是同一辈分的堂兄弟。
3 **为山不及成：**德业未能有所建树。为山，指建德修业。《论语·子罕》："譬如为山，未成一篑。"
4 **二胤：**两个孩子。胤，后代。
5 **双位：**夫妻灵位。
6 **终天：**终古。

译文

经过这旧宅引起无限哀伤，
我欲哭无声泪水先零。
若问为谁而如此悲痛，
原是怀念九泉之下的亡灵。
我与你虽然是堂兄弟，
相亲相爱却如同母所生。

最难忘在宅门前握手道别，
谁料你先我而逝何其不幸！
生死自有定数终难避免，
只可惜声名未显功业未成。

慈母的沉痛忧苦可想而知，
两个孩子还不到懂事年龄。

夫妻灵位双双委弃于空堂，
整日听不到悼念哭泣之声。
浮尘集满了虚设的座椅，
经年的野草湮没了前庭。
阶除上久已无你的足迹，
园林中却留下你一片深情。

你就这样默默无闻地走了，
永远见不到你的身形。
我走走停停一步一回头，
感伤凄楚泪水沾满了衣襟。

和胡西曹示顾贼曹[1]

原文

蕤宾五月中[2]，清朝起南飔。
不驶亦不迟，飘飘吹我衣。
重云蔽白日，闲雨纷微微。
流目视西园，晔晔荣紫葵。
于今甚可爱，奈何当复衰。
感物愿及时，每恨靡所挥[3]。

悠悠待秋稼，寥落将赊迟[4]。
逸想不可淹，猖狂独长悲！

注释

1 **胡西曹、顾贼曹：**二人名字、事迹均不详。西曹、贼曹皆郡县所属官名，西曹主管官吏及选举诸事，贼曹主管盗贼事。

2 **蕤宾：**指五月。《礼记·月令》："仲夏之月，律中蕤宾。"蕤宾为古代十二管（相当于现代的十二声）之一。古人以十二管之数按次序与十二个月相配，蕤宾与五月相合。

3 **靡所挥：**指无酒可饮。挥，挥觞。

4 **寥落：**指田地里庄稼稀疏。 **赊迟：**过时，意谓庄稼迟迟生长不好。

译文

转眼间又到了五月的中旬，
一清早迎面吹来丝丝凉风。
风儿不疾不徐令人惬意，
飘飘悠悠轻拂着我的衣襟。
层层浮云遮蔽了天宇，
霏霏细雨在空中飘洒纷纷。

放眼远望西边的园圃，
茂盛的向日葵花开正新。
葵花在此时虽然可爱，
奈何不久将衰落无存。

有感于此我想到及时行乐，
遗憾的是常常无酒可饮。
日复一日地盼望秋粮早熟，

但禾稼稀疏迟迟生长不盛。
前思后想止不住忧虑重重，
感慨良多独叹身世悲辛！

怨诗楚调示庞主簿邓治中[1]

原文

天道幽且远，鬼神茫昧然。
结发念善事，僶俛六九年。
弱冠逢世阻，始室丧其偏[2]。
炎火屡焚如，螟蜮恣中田[3]。
风雨纵横至，收敛不盈廛[4]。
夏日长抱饥，寒夜无被眠。
造夕思鸡鸣[5]，及晨愿乌迁[6]。
在己何怨天，离忧凄目前[7]。
吁嗟身后名，于我若浮烟。
慷慨独悲歌，钟期信为贤[8]。

注释

1 **怨诗楚调：**汉乐府“楚调曲”有《怨诗行》，此诗模仿其体。 **庞主簿：**庞遵，字通之，作者友人。 **邓治中：**事迹不详。

2 **始室：**三十岁。《礼记·曲礼》：“三十而有室，始理男事。” **丧其偏：**古代丧夫或丧妻都叫偏丧，这里指丧妻。

3 **螟蜮：**食禾稻的两种害虫。

4 **廛:**通“缠”,束。不盈廛,不够一束,形容收获量很少。

5 **造夕:**至晚。

6 **乌迁:**太阳移动。传说太阳中有三足乌,古人因以乌指太阳。

7 **离:**通“罹”,遭遇。

8 **钟期:**即钟子期。《列子·汤问》中记载,有一个叫伯牙的人善鼓琴,钟子期最能欣赏。后子期死,伯牙绝弦,因为再也没有知音了。诗中以钟子期指庞、邓二人。

译文

天道是如此的幽深邈远,
鬼神之事渺茫而不知所然。
年轻时立志为人善良正直,
谨慎从事至今已五十四年。
二十刚满正逢世道险阻,
三十才过妻子又离别人间。

烈日炎炎大地屡遭干旱,
害虫更猖狂肆虐于农田。
疾风暴雨无情地横扫一切,
一年的收获真少得可怜。

炎夏时望秋收忍饥挨饿,
寒夜里叹穷苦无被难眠。
黄昏才到便守候鸡鸣天晓,
晨光始露又急盼日落天边。

命运如此何必怨天尤人,
但忧患缠身不免四顾凄然。

世人所追求的身后名声，
对于我就像空中的浮烟。
慷慨无穷独自悲吟一曲，
只有你们二人能知我的苦怨。

岁暮和张常侍[1]

原文

市朝凄旧人[2]，骤骥感悲泉[3]。
明旦非今日，岁暮余何言！
素颜敛光润，白发一已繁。
阔哉秦穆谈，旅力岂未愆[4]。
向夕长风起，寒云没西山。
厉厉气遂严，纷纷飞鸟还。
民生鲜常在，矧伊愁苦缠！
屡阙清酤至，无以乐当年[5]。
穷通靡攸虑，憔悴由化迁。
抚己有深怀，履运增慨然[6]。

注释

1 **岁暮：**指除夕。 **张常侍：**张野，字莱民，居浔阳柴桑，与陶渊明有亲戚关系，曾征拜散骑常侍，不就。

2 **市朝：**街市和朝廷。此句谓人生有限。

3 **悲泉：**日没之处。此句谓光阴迅速。

4 **秦穆**:秦穆公。《尚书·秦誓》中记载秦穆公曾夸口说:“番番良士,旅力既愆,我尚有之。”旅,通“膂”。愆,丧失。

5 **当年**:壮年。

6 **履运**:逢年过节。

译文

市朝改变叹人生易逝,
光阴迅速像骏马飞驰一般。
明天毕竟不同于今日,
除夕之夜唯有默默无言。
面容失去了往昔的光泽,
白发已多青丝渐渐不见。
秦穆公的论调多么迂阔,
年岁既老体力怎不衰减。

昨夜里刮起了猛烈的大风,
浓黑的寒云遮没了西山。
朔风凛冽吹来袭人的冷气,
可怜的飞鸟也纷纷飞还。

人生世上本来就不长久,
何况还为饥寒愁苦所缠!
平日里经常无酒可饮,
自壮年以来就缺少欢甜。

早就不想它什么穷困显达,
形容渐老任随自然的变迁。

检点自身我万念交集，
逢此年夜更觉感慨无边。

九日闲居[1]

原文

余闲居，爱重九之名。秋菊盈园，而持醪靡由。空服九华[2]，寄怀于言。

世短意常多，斯人乐久生[3]。
日月依辰至，举俗爱其名。
露凄暄风息，气澈天象明。
往燕无遗影，来雁有余声。
酒能祛百虑，菊解制颓龄。
如何蓬庐士，空视时运倾？
尘爵耻虚罍[4]，寒华徒自荣。
敛襟独闲谣，缅焉起深情。
栖迟固多娱，淹留岂无成！

注释

1 **九日：**指九月九日，重阳节。
2 **九华：**菊花。
3 **斯人：**人人。
4 **尘爵耻虚罍：**这句谓酒杯积尘是酒壶的耻辱。

译文

我闲居家中，喜爱重九佳节。秋菊开满了林园，但无酒可饮，只能空嚼菊瓣，寄情于诗。

人生虽短而意愿甚多，
人人都希望在世上长生。
星移斗换日月按序而至，
普天风俗都雅爱重九之名。

秋露凄凉热风早已息止，
爽气清澈高天万象空明。
南去的燕子你今在何处？
北来的大雁你为何长鸣？

饮酒可以消去千愁百虑，
服菊能够帮助益寿延龄。
为什么闲居草庐的贫士，
白白地眼看这佳节的来临？
空壶无酒愧对积尘的酒杯，
耐寒的霜菊呀你徒自芳芬！

我整顿衣襟独自闲咏，
越想越激起心底的深情。
闲居游息原本有其乐趣，
长期归隐难道就一事无成！

咏贫士七首

一

原文

万族各有托，孤云独无依。
暧暧空中灭[1]，何时见余晖？
朝霞开宿雾，众鸟相与飞[2]。
迟迟出林翮，未夕复来归。
量力守故辙，岂不寒与饥？
知音苟不存，已矣何所悲。

注释

1 **暧暧空中灭：**这句说阳光消逝，天空昏暗。《咏贫士七首》作于晋宋易代之际，有人说这句是隐喻东晋灭亡，可供参考。

2 **“朝霞”二句：**有人说这两句是暗喻刘宋朝廷新建，臣僚和士大夫都欲有所动作，可供参考。

译文

万物在世间都有所依托，
唯有飘游的浮云无靠无依。
天空一片昏暗不见了阳光，
何时能看到落日的余晖？

清晨的朝霞驱散了夜雾，
百鸟相互欢啼结伴高飞。
一只孤鸟迟迟飞出山林，
未到傍晚便早早地回归。

我量力而行固守穷困之节，
怎能不一年到头缺衣少食？
如果没有志同道合的知音，
又何必前思后想徒自伤悲。

二

原文

凄厉岁云暮[1]，拥褐曝前轩。
南圃无遗秀，枯条盈北园。
倾壶绝余沥，窥灶不见烟。
诗书塞座外，日昃不遑研[2]。
闲居非陈厄[3]，窃有愠见言。
何以慰吾怀？赖古多此贤[4]。

注释

1 **云**：语助词，无义。
2 **昃**：日过正午。
3 **陈厄**：《论语·卫灵公》记载孔子在陈被围，至于绝粮，其学生子路抱怨说："君子亦有穷乎？"
4 **此贤**：指以下各篇所说的古代贤人。

译文

北风凄冷眼看一年将尽，
身穿布衣在窗前借日御寒。
南边的菜圃一片凋零，
北面的园林枯枝堆遍。

倒一倒酒壶已未剩一滴，
看一看厨灶又不见炊烟。
身边到处是诗书典籍，
正午已过哪有心思去深研！

闲居穷困虽不似孔子绝粮，
但难免有不满的怨言。
用什么宽慰我孤寂的心怀？
只有那古代高洁的先贤。

三

原文

荣叟老带索[1]，欣然方弹琴。
原生纳决履[2]，清歌畅商音。
重华去我久[3]，贫士世相寻。
弊襟不掩肘，藜羹常乏斟。
岂忘袭轻裘？苟得非所钦。
赐也徒能辩[4]，乃不见吾心。

注释

1 **荣叟:**古代隐士荣启期。详见《饮酒二十首·二》注2。

2 **原生:**指原宪,字子思,春秋时宋人,孔子弟子。《韩诗外传》:"原宪居鲁,子贡往见之。原宪应门,振襟则肘见,纳履则踵决。子贡曰:'嘻!先生何病也?'宪曰:'宪贫也,非病也。……仁义之匿,车马之饰,……宪不忍为也。'子贡惭,不辞而去。宪乃徐步曳杖,歌《商颂》而返。声沦于天地,如出金石。"

3 **重华:**虞舜。

4 **赐:**子贡,孔子弟子。《史记·仲尼弟子列传》:"子贡利口巧辞,孔子常黜其辩。"此处以子贡比喻劝说作者出仕的人(子贡曾委婉地劝孔子出仕)。

译文

荣启期九十以绳索为衣带,
乐而忘忧欣欣然吟歌鼓琴。
原宪踏着一双破烂的鞋子,
独自畅吟《商颂》甘心贫困。
虞舜时代离今天虽已久远,
那高尚的贫士却代有其人。

我披着旧布衣露出了两肘,
野菜煮汤常无浊酒可斟。
岂不愿穿上舒适的皮裘?
但苟且获取会有损于人品。
不知我者像子贡一般善辩,
却不能理解我归隐的真情。

四

原文

安贫守贱者，自古有黔娄[1]。
好爵吾不萦[2]，厚馈吾不酬[3]。
一旦寿命尽，弊服乃不周[4]。
岂不知其极？非道故无忧[5]。
从来将千载，未复见斯俦。
朝与仁义生，夕死复何求！

注释

1 **黔娄：**皇甫谧《高士传》记载："黔娄先生者，齐人也。修身清节，不求进于诸侯。鲁恭公闻其贤，遣使致礼，赐粟三千钟，欲以为相，辞不受。齐王又礼之，以黄金百斤聘为卿，又不就。"

2 **吾：**指黔娄。 **不萦：**不系于心。

3 **酬：**接受。

4 **弊服乃不周：**破烂的衣被竟盖不全身体。《列女传·鲁黔娄妻传》："先生死，曾子与门人往吊之。其妻出户，曾子吊之。上堂，见先生之尸在牖下。枕墼席稿，缊袍不表。覆以布被，手足不尽敛。覆头则足见，覆足则头见。"

5 **非道故无忧：**这句意思是说，"君子忧道不忧贫"，贫穷之事与道无关，安贫亦能守道，故不必忧虑。

译文

古代有一位叫黔娄的高士，
安贫守贱不愿屈就于诸侯。
高官厚禄他一概谢绝，
丰厚的馈赠更不接受。

在穷困中他迎来了死亡，
入殓时衣被破烂手足外露。
难道生平不知贫寒已极？
但守道守节者自能无忧。

黔娄死后已将近一千年，
像他那样的人物再也没有。
为人若能早上与仁义同生，
即使傍晚便死也无复他求！

五

原文

袁安困积雪，邈然不可干[1]。
阮公见钱入，即日弃其官[2]。
刍稿有常温[3]，采莒足朝餐[4]。
岂不实辛苦？所惧非饥寒。
贫富常交战，道胜无戚颜。
至德冠邦闾，清节映西关[5]。

注释

1 **袁安：**字劭公，东汉汝南南阳人。《汝南先贤传》称："时大雪，积地丈余，洛阳令身出案行……至袁安门，无有行路，谓安已死。令人除雪入户，见安僵卧，问：'何以不出？'答曰：'大雪，人皆饿，不宜干人。'"

2 **阮公：**未详何人。从诗中看，他是一位清官，见有人送钱行贿，便即日弃官而去。

3 **刍稿:**喂牲口的干草。稿,稻、麦等庄稼的秆子。

4 **莒:**当为“稆”之形讹,野生的禾,这里泛指野生之物。

5 **西关:**当指阮公的家乡。

译文

袁安在寒冬为积雪所困,
情愿受冻挨饿也不求助于人。
阮公为官时见人送来钱财,
即日便弃掉官职踏上归程。

贫士睡在干草上便觉温暖,
采来野生之物就饱餐一顿。
难道这般生活不充满辛苦?
只因为不惧怕饥饿与寒冷。

贫富两种念头在心中交战,
最终能安贫守道永不消沉。
君不见袁安德行名冠乡邦,
阮公亮节在西关流传至今。

六

原文

仲蔚爱穷居[1],绕宅生蒿蓬。
翳然绝交游,赋诗颇能工。
举世无知者,止有一刘龚[2]。
此士胡独然?实由罕所同。

介焉安其业，所乐非穷通。
人事固以拙，聊得长相从。

注释

1 **仲蔚：**张仲蔚，东汉人。详见《饮酒二十首·十六》注4。
2 **刘龚：**东汉人。详见《饮酒二十首·十六》注4。

译文

东汉张仲蔚爱穷居僻处，
屋前屋后满是野生的蒿蓬。
远离尘世息绝了一切交游，
闲来赋诗作文一时传诵。
超然高洁举世无人理解，
唯一的知音就只有刘龚。

他为什么如此特立独行？
那是因为没有人道合志同。
耿介拔俗安心于自身处境，
乐以忘忧不管那命运穷通。
我原本就拙于世间人事，
恨不能同生一世相随相从。

七

原文

昔有黄子廉[1]，弹冠佐名州[2]。
一朝辞吏归，清贫略难俦。

年饥感仁妻，泣涕向我流。
丈夫虽有志，固为儿女忧。
惠孙一晤叹[3]，腆赠竟莫酬[4]。
谁云固穷难，邈哉此前修[5]。

注释

1 **黄子廉**：东汉人，曾为南阳太守。
2 **弹冠**：弹去冠上的尘土，使之整洁，指将要出仕。
3 **惠孙**：不详何人，当为黄子廉好友。
4 **腆**：丰厚。 **竟莫酬**：终不接受。
5 **前修**：指这组诗中所说到的古代贤士。

译文

东汉的黄子廉品节高尚，
曾一度出任名州的太守。
一旦辞去官职返回故里，
家境清贫时人无出其右。

饥荒之年愧对贤良的妻子，
看她愁容满面涕泣双流。
大丈夫纵然心怀守节之志，
也为妻儿子女的生活忧愁。
好友惠孙见状不禁长叹，
赠以钱财子廉竟辞谢不收。

谁说穷困守节难以做到，
不见上述前贤声名长不朽！

游斜川[1]

原文

辛酉[2]正月五日，天气澄和，风物闲美，与二三邻曲，同游斜川。临长流，望曾城[3]，鲂鲤跃鳞于将夕，水鸥乘和以翻飞。彼南阜者[4]，名实旧矣，不复乃为嗟叹。若夫曾城，傍无依接，独秀中皋[5]。遥想灵山[6]，有爱嘉名。欣对不足，率尔赋诗。悲日月之遂往，悼吾年之不留。各疏年纪乡里，以记其时日。

开岁倏五日，吾生行归休。
念之动中怀，及辰为兹游。
气和天惟澄，班坐依远流[7]。
弱湍驰文鲂[8]，闲谷矫鸣鸥。
迥泽散游目[9]，缅然睇曾丘。
虽微九重秀，顾瞻无匹俦。
提壶接宾侣，引满更献酬[10]。
未知从今去，当复如此不。
中觞纵遥情，忘彼千载忧。
且极今朝乐，明日非所求。

注释

1 **斜川**：地名，在今江西省庐山市附近的鄱阳湖边，离作者故居上京不远。

2 **辛酉**：宋永初二年(421)。

3 **曾城:**山名。
4 **南阜:**南山,即庐山。
5 **中皋:**水边高地之中。
6 **灵山:**指昆仑山上的曾城山。传说昆仑山为神仙所居之地,故称灵山,因为眼前所见的曾城与昆仑山曾城同名,所以说"遥想灵山,有爱嘉名"。
7 **班坐:**依次相挨而坐。
8 **弱湍:**细流。
9 **迴泽:**宽阔的湖泊。
10 **引满:**把酒杯斟满。

译文

宋永初二年正月五日,空气清新,天空明朗,风光宁静,景物优美。我与几位邻居相邀,一同去游览斜川。面对浩荡的江流,远望曾城的山色。鱼儿在夕阳中腾跃于水面,水鸟在和风中翻飞于低空。那南边庐山的名称和实景大家都很熟悉,一时没有新的感想。至于这曾城山岭,旁边不与任何山脉相依接,秀丽挺拔,独耸于水边的高地。这不禁使我想起那灵山昆仑的曾城,由是更加喜爱这美好的名称。欣然面对美景,仍有所不足,于是随意写下了此诗。岁月迁移,令人伤感;生命难留,使我悲叹。我分别记下每一位同游人的年龄籍贯,并记下这次游览的日期。

新年伊始一眨眼过了五天,
岁月如流我一生行将结束。
想到此不免心中惆怅,
趁今日好时光去斜川一游。

天空一片晴和明朗的气象,
大家相挨而坐紧依着江流。

小溪中游动着美丽的鲂鱼，
幽谷间飞翔着矫健的鸣鸥。

纵情眺望广阔无垠的湖面，
深思遐想凝视曾城的山丘。
虽无昆仑九重山那么秀丽，
但细看这景色真世间少有。

提着酒壶向宾客一一致意，
杯斟满兴更浓相互劝酒。
不知今天以后的日子里，
还有没有如此美好的时候。

酒至半酣无不纵怀欢笑，
忘记了那千年不尽的忧愁。
暂且尽情享受眼前的快乐，
明天的事我没有任何祈求。

拟古九首

一

原文

荣荣窗下兰，密密堂前柳。

初与君别时，不谓行当久。
出门万里客，中道逢嘉友。
未言心先醉，不在接杯酒[1]。
兰枯柳亦衰，遂令此言负[2]。
多谢诸少年[3]，相知不忠厚。
意气倾人命，离隔复何有？

注释

1 **“未言”二句：**这两句说，还未把盏交谈，先已为之倾心。

2 **此言：**指“不谓行当久”。

3 **谢：**谢绝。

译文

窗下开着茂盛的兰花，
堂前长着成行的垂柳。
当初与你们依依相别，
约定出行的时间不会长久。

出门以后成了远方的游客，
途中结交了相知的朋友。
还没有交谈先已为之倾心，
意气相投何须先饮美酒。

而今兰花枯萎垂柳衰残，
行期不久的约言终不作数。
从此应断绝与这帮人来往，
他们与人相交而不忠厚。

逞意气一时可以不要性命，
离别之后情谊便忘在脑后。

二

原文

辞家夙严驾[1]，当往至无终[2]。
问君今何行，非商复非戎。
闻有田子泰[3]，节义为士雄。
斯人久已死，乡里习其风。
生有高世名，既没传无穷。
不学狂驰子[4]，直在百年中。

注释

1 **夙：**早晨。 **严驾：**急忙整备车马。

2 **无终：**地名，在今河北省天津市蓟州区。

3 **田子泰：**名畴，汉末无终人，好读书，善击剑，重节义。时董卓废汉少帝，迫汉献帝迁都长安。田畴受幽州牧刘虞之遣，率壮士二十余人朝见献帝。献帝封他为骑都尉，田畴"以为天子方蒙尘未安，不可以荷佩荣宠，固辞不受"。返回后，刘虞已被公孙瓒杀害，他仍去刘的墓前谒祭。公孙瓒怒而拘之，后因惧怕失去人心，便将他释放。田畴获释后居于徐无山中，"百姓归之，数年间至五千余家"。于是他制定法纪，兴办学校，使地方大治。事见《三国志·魏书》本传。

4 **狂驰子：**指趋炎附势而终日奔走的人。

译文

清晨匆忙备车辞家远行，
我将游访今古闻名的无终。

若问我此行的目的何在，
不为经商也不为从军建功。

久闻无终有一位田子泰，
节操义气为士林所推崇。
此人死去已经二百余年，
当地仍继承了他的遗风。

生前享有那么高的声誉，
身后动人的事迹流传无穷。
莫学趋炎奔走的势利之徒，
一生荣耀死后却被人嘲讽。

三

原文

仲春遘时雨，始雷发东隅。
众蛰各潜骇[1]，草木纵横舒。
翩翩新来燕，双双入我庐。
先巢故尚在，相将还旧居。
自从分别来，门庭日荒芜。
我心固匪石[2]，君情定何如。

注释

1 **众蛰：**各种冬眠的虫类。 **潜骇：**从潜睡的状态中惊醒。

2 **我心固匪石：**心坚非石可比。《诗经·邶风·柏舟》："我心匪石，不可转也。"

译文

万物复苏的二月春雨纷纷，
空中响起今年第一声雷鸣。
冬眠的虫类从潜睡中惊觉，
枯萎的草木在原野里苏生。

新来的燕子在微风中剪翅，
成双成对地飞入我的宅中。
去年的旧巢仍完好无损，
呢喃对语一齐来觅旧踪。

自从与你们依依分别以来，
门庭日日荒芜长满蒿蓬。
我的感情坚定不移有如磐石，
不知你们是否与我相同。

四

原文

迢迢百尺楼，分明望四荒。
暮作归云宅，朝为飞鸟堂[1]。
山河满目中，平原独茫茫。
古时功名士，慷慨争此场[2]。
一旦百岁后，相与还北邙[3]。
松柏为人伐，高坟互低昂。
颓基无遗主，游魂在何方。
荣华诚足贵，亦复可怜伤！

注释

1 **“暮作”二句：**这两句说百尺楼云聚鸟居，极写其荒凉。

2 **此场：**指山河与平原。

3 **北邙：**山名，在河南洛阳城北，汉、魏、晋君臣坟墓多在此处。

译文

我独自站在这高高的楼头，
纵目眺望四面八方的景象。
这高楼晚上是浮云的住宅，
这高楼早晨是飞鸟的天堂。

近处的山河尽收眼底，
远处的平原一片苍茫。
遥想古代建功立业的人们，
争斗于此地何等慷慨激昂。

在他们生命终结的时候，
一个个都埋葬于北邙山上。
墓前的松柏早已被人砍伐，
高高低低的坟堆空空荡荡。
雨打风吹墓基颓塌无人祭，
死者的游魂不知漂泊何方。
荣华富贵诚然令世人羡慕，
只可叹他们身后如此凄凉！

五

原文

东方有一士，被服常不完[1]。
三旬九遇食[2]，十年着一冠。
辛勤无此比，常有好容颜。
我欲观其人，晨去越河关。
青松夹路生，白云宿檐端。
知我故来意，取琴为我弹。
上弦惊别鹤[3]，下弦操孤鸾[4]。
愿留就君住，从今至岁寒[5]。

注释

1 **被**：穿，披。

2 **三旬九遇食**：三十天吃九餐饭，这是用子思的故事，《说苑·立节》："子思居卫，缊袍无表，三旬而九食。"

3 **上弦**：初曲，前曲。 **别鹤**：古琴曲名，其调凄怆悲凉。

4 **下弦**：终曲，后曲。 **孤鸾**：古琴曲名，其调超然高雅。

5 **岁寒**：比喻艰苦的环境。《论语·子罕》："岁寒，然后知松柏之后凋也。"全句意谓愿意在艰苦的环境中经受考验，坚守节操。

译文

东方有一位隐居的高士，
常穿着破烂不堪的衣衫。
一月里才能吃上九餐饭，
十年中总戴着一顶旧冠。
辛勤劳苦无人可以相比，
却焕发着青春般的容颜。

我早就想一睹其人的风采，
清晨出发一路涉水渡关。
居所的路旁长满了青松，
缕缕白云在檐间徘徊流连。

主人心知我特地前来之意，
取出洁净的清琴为我轻弹。
一曲《别鹤》是那么悲凉凄怆，
一曲《孤鸾》是如此孤高不凡。
我真愿从此与他长期相伴，
共同经受那艰苦环境的考验。

六

原文

苍苍谷中树，冬夏常如兹。
年年见霜雪[1]，谁谓不知时？
厌闻世上语，结友到临淄[2]。
稷下多谈士[3]，指彼决吾疑。
装束既有日，已与家人辞。
行行停出门，还坐更自思。
不畏道里长，但畏人我欺。
万一不合意，永为世笑嗤。
伊怀难具道，为君作此诗。

注释

1 **见霜雪：**见欺于霜雪。

2 **临淄**:战国时齐国的都城,在今山东省。

3 **稷下**:临淄的西城门,这里是当时学术活动的集中之地。《史记·孟子荀卿列传》:"齐之稷下先生,如淳于髡、慎到、环渊、接子、田骈、驺奭之徒,各著书言治乱之事,以干世主,岂可胜道哉!"

译文

深谷中有一株苍劲的青松,
严冬和炎夏都傲然挺立。
年复一年莫不遭霜欺雪冻,
谁说它不知时日的流逝?

我厌恶世俗的花言巧语,
为交新友决心一往临淄。
那里有许多雄辩高谈之士,
指望他们能为我解难释疑。

打点行装已准备了多日,
临行与家人依依告辞。
出门走了一程又徘徊不前,
坐下来独自陷入了深思。

不是怕道途艰难行程遥远,
怕的是到临淄后为人所欺。
万一与新交意气不相投合,
那会永远被人嗤之以鼻。

我心中的想法难以详述,
请读者诸君细味此诗。

七

原文

日暮天无云，春风扇微和。
佳人美清夜，达曙酣且歌。
歌竟长叹息，持此感人多。
皎皎云间月，灼灼叶中华。
岂无一时好，不久当如何？

译文

日落天暮空中无一丝浮云，
春天的好风送来阵阵温和。
佳人喜爱这美好的良夜，
通宵达旦在楼头把酒欢歌。

歌毕倚栏而立怃然长叹，
只因乐极生悲感慨良多。
云间的素月皎洁如玉，
叶中的鲜花灿烂婀娜。
只可怜它们虽有一时之美，
不久却是香消影没的结果。

八

原文

少时壮且厉，抚剑独行游。
谁言行游近，张掖至幽州[1]。

饥食首阳薇[2]，渴饮易水流[3]。
不见相知人，惟见古时丘。
路边两高坟，伯牙与庄周[4]。
此士难再得，吾行欲何求？

注释

1 **张掖：**地名，在今甘肃省西部，古代西部边陲之地。 **幽州：**地名，在今河北省东北部，古代北部边陲之地。

2 **首阳薇：**见《饮酒二十首·二》注1。

3 **易水：**水名。燕太子丹派荆轲刺秦王，饯于易水，临行，荆轲慷慨悲歌："风萧萧兮易水寒，壮士一去兮不复还。"

4 **伯牙：**战国时楚人，善鼓琴，与钟子期友善。子期死，伯牙乃破琴绝弦，因为世上再无知音。 **庄周：**即庄子。庄子与惠施友善，二人皆善辩。惠施死，庄子不再发表议论，因世上无人可以理解。

译文

年轻时身强体壮性情刚烈，
手提长剑只身到四方远游。
谁说出游的行程太短，
我到过张掖访过幽州。
饥饿时在首阳采薇而食，
口渴时酣饮易水的清流。

旅途上从未遇见相知的人，
只看到一座座前代的坟丘。
路旁有两座特别的古墓，
那里边埋葬着伯牙与庄周。
今世已难逢这样的贤人，

纵使远游万里又有何可求？

九

原文

种桑长江边，三年望当采。
枝条始欲茂，忽值山河改。
柯叶自摧折，根株浮沧海。
春蚕既无食，寒衣欲谁待。
本不植高原，今日复何悔？

译文

在长江边栽植桑树的幼苗，
指望三年以后可以摘采。
不料枝条刚刚开始繁盛，
忽遇洪水暴发山河破坏。
青枝绿叶遭到无情的摧折，
树干连根一直漂浮到大海。

可怜的春蚕已无叶可食，
吐丝成衣也不能再有期待。
当初不将它种植在高原，
今日种桑人又何必后悔？

桃花源诗并记

原文

晋太元中[1]，武陵人捕鱼为业[2]。缘溪行，忘路之远近。忽逢桃花林，夹岸数百步，中无杂树，芳草鲜美，落英缤纷。渔人甚异之。复前行，欲穷其林。

林尽水源，便得一山。山有小口，仿佛若有光，便舍船从口入。初极狭，才通人。复行数十步，豁然开朗。土地平旷，屋舍俨然，有良田美池桑竹之属；阡陌交通，鸡犬相闻。其中往来种作，男女衣着，悉如外人；黄发垂髫[3]，并怡然自乐。

见渔人，乃大惊，问所从来，具答之。便要还家[4]，设酒杀鸡作食。村中闻有此人，咸来问讯。自云先世避秦时乱，率妻子邑人来此绝境[5]，不复出焉，遂与外人间隔。问今是何世，乃不知有汉，无论魏晋。此人一一为具言所闻，皆叹惋。余人各复延至其家，皆出酒食。停数日，辞去。此中人语云："不足为外人道也。"

既出，得其船，便扶向路[6]，处处志之[7]。及郡下，诣太守说如此。太守即遣人随其往，寻向所志，遂迷不复得路。

南阳刘子骥[8]，高尚士也。闻之，欣然规往[9]，未果，寻病终。后遂无问津者。

嬴氏乱天纪[10]，贤者避其世。
黄绮之商山[11]，伊人亦云逝[12]。

往迹浸复湮，来径遂芜废。
相命肆农耕[13]，日入从所憩。
桑竹垂余荫，菽稷随时艺[14]。
春蚕收长丝，秋熟靡王税。
荒路暧交通，鸡犬互鸣吠。
俎豆犹古法[15]，衣裳无新制[16]。
童孺纵行歌，斑白欢游诣。
草荣识节和，木衰知风厉。
虽无纪历志，四时自成岁。
怡然有余乐，于何劳智慧。
奇踪隐五百[17]，一朝敞神界。
淳薄既异源[18]，旋复还幽蔽。
借问游方士[19]，焉测尘嚣外？
愿言蹑清风，高举寻吾契[20]。

注释

1 **太元：**东晋孝武帝（司马曜）年号（376—396）。

2 **武陵：**郡名，今湖南常德。

3 **黄发：**指老年人。 **垂髫：**头发下垂，尚未总角，指儿童。

4 **要（yāo）：**邀请。

5 **绝境：**与世隔绝之境。

6 **扶：**沿着。 **向路：**前时所来的路。

7 **志：**标记。

8 **南阳：**今河南省南阳市。 **刘子骥：**名麟之，隐士，好游山泽。《晋书》有传。

9 **规：**计划。

10 **嬴氏：**指秦始皇，秦为嬴姓。 **乱天纪：**指秦政暴虐，扰乱天下正常秩序。天纪，天地纲纪，日月星辰历数，概指社会正常秩序。

11 **黄绮：**夏黄公和绮里季，古代隐士。详见《赠羊长史》注8。

12 **伊人:**他或他们,指桃花源中人。 **云:**语助词。

13 **相命:**犹互相招呼。

14 **菽:**豆类的总名。 **稷:**高粱。 **艺:**种植。

15 **俎豆:**古代祭祀用的两种礼器,这里用以代指祭祀的仪式。

16 **新制:**指新制的式样。

17 **奇踪隐五百:**奇异的踪迹隐蔽了五百年之久。自秦至晋太元约六百年,“五百”是举其成数。

18 **淳薄既异源:**指桃花源中的淳朴风俗与世间的浇薄习气绝然不同。

19 **游方士:**游于方内的世俗之士。古时道家称现实社会为“方内”,世外仙境为“方外”。

20 **吾契:**和我志气相合的人。

译文

东晋孝武帝太元年间,有一个武陵人,以捕鱼为职业。有一天,他划着一只小船,沿着小溪行驶,忘记了路的远近。忽然遇着一片桃花林,两岸相对数百步的地方,中间没有什么杂树,芳香的草又清鲜又美丽,绽开的桃花又繁盛又红艳。渔夫感到很奇怪。他又再往前行驶,想看完这片桃花林。

那桃花林一直延伸到溪水的尽头,然后便是一座小山。小山有个小洞,好像有光亮。他就丢弃小船,从洞口钻了进去。山洞起初很狭小,只能容一个人通行。再走了几十步,忽然开阔明亮。土地平坦空旷,房舍高大整齐,有肥沃的农田,清澈的鱼池,茂密的桑叶,青翠的竹林,等等。田间小路纵横交错,鸡鸣狗叫,大家都听得见。人们在里边来来往往,耕田种地。男男女女穿的衣服,都像外边的人一样。老人小孩都生活得十分愉快。

他们见了渔夫,大吃一惊,问他是从什么地方来的,渔夫一一回答。其中有人便邀请他到家里去,备酒杀鸡招待他。村中听说有这么一个人,都来问讯。他们自己说是前代逃避秦朝暴政,携带妻儿子女和地方上的人,来到了这个与世隔绝的地方,以后就再没有出去,于是便和外面的人断绝了信息。渔夫问他们知不知道现在是什么时代,他们竟不知道有汉朝,魏晋就更不用说了。渔夫便一一向他们说清楚，他们听了都惋然叹息。其余的人也都请渔夫到他们的家里，拿出酒肉来款待他。过了几天，渔夫辞别归去。洞里边的人关照他说："不要向外面的人说起这里的事。"

渔夫从洞中出来，找到小船，便沿着前时所来的路往回行驶，处处做一个标记。到了郡府，去见太守，告诉他在桃花源的所见所闻。太守立即派人跟随他去，寻找以前的标记，竟迷失找不到原路了。

南阳人刘子骥是个高尚的名士，听到了这件事，便高兴地计划前往，但未能成行，不久就生病而死。从此以后便没有人再过问这件事了。

秦王暴政扰乱了天下秩序，
贤明的人士都逃离这个乱世。
有名的"四皓"躲进了商山，
这些人就跑到桃源来居住。
他们的踪迹逐渐湮没，
来时的路也废弃荒芜。
桃源里男耕女织勤勤恳恳，
红日西沉便回家休息。
桑树和竹林绿叶成荫，
杂粮和豆类随时种植。
春收蚕丝，秋收五谷，
没有租税，没有劳役。
小路偏僻不便与外人交往，
洞中只听见狗吠鸡啼。
祭祀还是用古代的礼法，
穿戴也没有时新的样式。
儿童们尽情地唱呀，跳呀，
老人们往来游乐欢欢喜喜。

野草青了就知道春天已到，
树叶飘落便感觉秋天又至。
虽然没有岁时的记载，
四季交替却自然有序。
他们怡然自乐，无忧无虑，
哪里还需要劳神用智。

奇异的踪迹已隐匿了五百年，
今日才敞开了这神仙境域。
可是淳朴与浇薄毕竟不同，
桃源仙境不久又完全隐蔽。
借问世俗中的人们啊，
你们怎能窥测其中的奥秘？
我愿乘着清风飘游万里，
寻找志同道合的人，高蹈出世。

述酒[1]原注：仪狄造，杜康润色之[2]。

原文

重离照南陆[3]，鸣鸟声相闻[4]。
秋草虽未黄[5]，融风久已分[6]。
素砾皛修渚[7]，南岳无余云[8]。

豫章抗高门[9]，重华固灵坟[10]。
流泪抱中叹，倾耳听司晨。
神州献嘉粟[11]，西灵为我驯[12]。
诸梁董师旅[13]，芈胜丧其身[14]。
山阳归下国[15]，成名犹不勤[16]。
卜生善斯牧[17]，安乐不为君[18]。
平王去旧京[19]，峡中纳遗薰[20]。
双陵甫云育[21]，三趾显奇文[22]。
王子爱清吹[23]，日中翔河汾[24]。
朱公练九齿[25]，闲居离世纷。
峨峨西岭内[26]，偃息常所亲。
天容自永固，彭殇非等伦[27]。

注释

1 这是陶集中一篇比较特别的作品，诗意隐曲，极难解释。经历代学者研究，认为是哀悼晋恭帝之死而作（但对其中一些诗句的具体解释，仍有许多不同意见）。晋元熙二年(420)六月，刘裕废晋恭帝为零陵王，改国号为宋，自行称帝。次年九月，以毒酒一瓶授张祎，命其毒死零陵王，张祎自饮而死。继而又令兵士越墙向零陵王进毒酒，王不饮，兵士遂杀之。诗以《述酒》为题，用意颇深。

2 **仪狄：**传说中夏禹时代发明酿酒者。 **杜康：**古代传说中善酿酒者。

3 **重离：**晋朝皇帝姓司马，相传司马氏是古代重黎（颛顼的后代）之后。为避免嫌疑，故意误"黎"为"离"。 **南陆：**指东晋所统治疆域的南部。全句喻晋元帝（东晋的第一个皇帝）江左中兴。

4 **鸣鸟：**指凤凰。全句喻江左中兴时人才甚众。

5 **秋草虽未黄：**喻东晋开始变衰。

6 **融风：**立春之后的春风。全句喻东晋已无往日之盛。

7 **素砾：**白石。 **皛(jiǎo)：**显。白石显于江渚，喻晋室气象萧瑟。

8 **南岳**:衡山,五岳之一。晋元帝即位诏有"遂登坛南岳"之语,且零陵就在南岳附近,故南岳实即指代东晋。全句说晋室气数已尽。

9 **豫章**:指刘裕。晋安帝义熙二年(406),刘裕获封豫章郡公。 **高门**:即皋门,古代国王的郭门。

11 **重华**:舜帝,这里指晋恭帝。舜葬于九嶷山,恭帝后为零陵王,故以舜托言恭帝。 **固**:只。全句说恭帝已死,唯余坟墓。

11 **献嘉粟**:晋义熙十三年(417),河南巩县(今巩义市)县民得九穗嘉禾,刘裕把它献给安帝,安帝仍以之归刘裕。

12 **西灵**:四灵。"西"为"四"之误,形近而讹。四灵指麟、凤、龟、龙。恭帝禅位诏中有"四灵效瑞"的话。以上两句是说刘裕假托祥瑞之兆,谋夺皇位。

13 **诸梁**:沈诸梁,战国时楚人。

14 **芈胜**:楚太子之子,为百公。芈胜曾企图篡位,沈诸梁率军与叶公共同攻杀之。这两句比喻东晋初期王敦、苏峻之乱,陶侃、温峤等人诛灭之,暗言如今刘裕篡位,却无人兴兵讨伐。

15 **山阳**:指汉献帝。东汉建安二十五年(220),曹丕废汉献帝为山阳公。这句托言刘裕废晋恭帝为零陵王。

16 **成名犹不勤**:《周书·谥法解》:"不勤成名曰'灵'。"成名,指追谥的名号。不勤,不劳,无人存问安慰。古代帝王不得善终者,谥号即为"灵"。这句指零陵王被人杀死,不得善终。

17 **卜生**:即卜式。《汉书·卜式传》:"(卜式)布衣草屦而牧羊……上过其羊所,善之。式曰:'非独羊也,治民亦犹是矣。以时起居,恶者辄去,毋令败群。'上奇其言,欲试使治民。"这句托言刘裕如卜生之善牧,用"恶者辄去"的原则翦灭晋朝宗室豪强如司马休等,为废晋立宋做准备。

18 **安乐**:汉昌邑王刘贺的臣僚,姓氏不详。汉昭帝死后,刘贺继位,昏庸无能,甚至"久与驺奴宰人游戏饮食,赏赐无度"。安乐身为老臣,却不尽忠劝谏。这句托言东晋臣僚多不尽忠保君。

19 **平王**:东周的立国君主周平王。公元前770年,平王率贵族和诸侯离开旧都镐(今西安),东迁雒邑(今洛阳)。这句托言晋元帝迁都建业(今南京)。

20 **峡:**通“郏”,指郏鄏(jiá rǔ),今洛阳。 **薰:**通“獯”,旧指匈奴。匈奴遗族刘聪曾攻陷洛阳,晋元帝因此被迫迁都。

21 **双陵:**当指东晋两座皇帝陵墓,隐喻东晋。 **育:**生存发展。

22 **三趾:**指三足乌,为西王母使者。相传曹魏受禅时有三足乌出现。刘裕受禅时,也编造了天文符瑞数十事以惑众。 **奇文:**指禅位诏等不同寻常之文。全句谓刘裕逼帝逊位时假造符瑞。

23 **王子:**王子晋,周灵王太子。《列仙传》记载,王子晋喜吹笙,年十七,乘白鹤白日升天。这句以王子晋托言东晋。

24 **河汾:**晋地。以上二句言东晋已经灭亡,不存于世间。

25 **朱公:**战国时范蠡辅佐越王打败吴国后,隐迹江湖,至陶地,号陶朱公。这里隐去“陶”字,实际上是作者自谓。 **九齿:**久龄,长生。“九”与“久”谐音。齿,年龄。

26 **西岭:**当指晋恭帝葬所。

27 **彭:**彭祖,传说中的长寿者,活了八百岁。 **殇:**夭折的儿童,此处隐指晋恭帝年轻时被害。

译文

重黎如日普照江左一带,
一时人才济济似凤鸟和鸣。
尔后晋室渐衰如秋草变黄,
祥和的春风也不再光临。
大地久旱江中白石尽显,
南岳的山头更无紫气祥云。
刘裕握权与朝廷分庭抗礼,
晋恭帝最终遭害葬入墓坟。
我暗中流泪抚胸长叹,
通宵难寐听鸡叫盼天明。

当年国人献嘉禾终归刘氏，
图篡权他诡称有四灵显应。
古代有沈诸梁率军诛芈胜，
如今却无讨伐刘氏的能人。
晋恭帝好比山阳公刘协，
却不如山阳公能得善终。
篡位弑君者早在铲除异己，
东晋臣僚为何不尽忠保君！

回想晋元帝迁都建业以后，
洛阳一带即被匈奴占领。
东迁后晋室刚得生存发展，
孰料禅位的事旋即发生！
东晋真有如早夭的王子晋，
寿终正寝以后无踪无影。

世事如彼我当学长生之术，
归隐闲居远离尘世的纷争。
那巍峨的西岭高耸云天，
恭帝长眠此处与丘山相亲。
一朝之主自当容颜永固。
长生的彭祖也难相提并论。

于王抚军座送客[1]

原文

秋日凄且厉，百卉具已腓。
爰以履霜节[2]，登高饯将归。
寒气冒山泽[3]，游云倏无依。
洲渚四缅邈，风水互乖违。
瞻夕欣良宴，离言聿云悲[4]。
晨鸟暮来还，悬车敛余晖[5]。
逝止判殊路[6]，旋驾怅迟迟。
目送回舟远，情随万化遗[7]。

注释

1 **王抚军**：江州刺史王弘。当时王弘在江州（今江西九江）为两位太守饯行，邀陶渊明作陪。

2 **履霜节**：九月。

3 **冒**：笼罩。

4 **聿云悲**：犹乃悲。云，语助词。

5 **悬车**：落日。《淮南子·天文训》："至于悲泉……是谓悬车。"悲泉，神话传说中的日落处。

6 **逝止**：指即将离去的客人和送客者。这句也暗示作者和客人政治态度不同，一归隐，一出仕。

7 **情随万化遗**：那种怅然若失的心情随着事物的变化（如水流、日落、舟逝等）而消失。

译文

秋天的太阳光色凄厉，
百草变黄失去了昔日芳菲。
九月间的一天应抚军邀请，
登高参加欢送友人的宴会。

寒冷的秋气笼罩着山泽，
浮云淡淡在空中迅速飘飞。
四面的洲渚显得那么邈远，
只见那江水东流西风劲吹。

瞻望斜阳欣然就座于席间，
临别赠言却不免引起伤悲。
清晨离山的鸟儿傍晚飞还，
落日收敛了最后一缕余晖。

去客走的路和我全不一样，
若有所失我驾车缓缓返归。
目送他们的归舟远远逝去，
怅然不乐的心情化作烟灰。

读《山海经》十三首[1]

一

原文

孟夏草木长，绕屋树扶疏。
众鸟欣有托，吾亦爱吾庐。
既耕亦已种，时还读我书。
穷巷隔深辙[2]，颇回故人车。
欢然酌春酒[3]，摘我园中蔬。
微雨从东来，好风与之俱。
泛览周王传[4]，流观山海图。
俯仰终宇宙，不乐复何如！

注释

1 **《山海经》：**古代地理著作，十八卷，作者不详，主要记述海内外山川异物及神话传说。晋郭璞曾为之作注并题图赞。

2 **隔深辙：**是说没有官贵来往。官贵所乘之车大，辗出的辙印也较深。

3 **欢然：**喜悦的样子。

4 **周王传：**即《穆天子传》，先秦古书，主要记述周穆王驾八骏游于四海的故事。

译文

初夏时草木一个劲儿猛长，
屋前屋后的大树叶茂枝粗。
百鸟欢唱有了栖身之所，
我也更爱这隐居的草庐。

趁农时深耕田土播下禾种，
得闲时翻检我心爱的藏书。
穷街陋巷不见贵人的车马，
老朋友来访也望而却步。

喜尝今春酿出的新酒，
下酒的美味是园中的菜蔬。
霏霏细雨从东方飘洒而至，
一同来到的和风令人心舒。

将《穆天子传》浏览一遍，
再把《山海经》随意翻读。
顷刻之间神游无穷的宇宙，
这生活真使我快乐满足。

二

原文

玉台凌霞秀[1]，王母怡妙颜[2]。
天地共俱生，不知几何年。
灵化无穷已，馆宇非一山[3]。

高酣发新谣[4]，宁效俗中言！

注释

1 **玉台**：山名，一名玉山，因山多玉而得名，传说为西王母住地。

2 **王母**：西王母，亦称金母，传说中的神仙。《山海经》说她形状如人，豹尾虎齿，善吟啸。《穆天子传》说她雍容平和，善歌谣。旧题汉班固撰（实则可能是魏晋间文士所作）《汉武内传》则说她是一位容貌绝世的中年妇女。

3 **馆宇非一山**：《山海经·西山经》说王母住玉山，《山海经·大荒西经》说她住昆仑山，《穆天子传》又说她住弇山。

4 **高酣发新谣**：《穆天子传》记西王母在瑶池与周穆王宴饮，并作歌曰："白云在天，丘陵自出。道里悠远，山川间之。将子无死，尚能复来。"

译文

秀美的玉台山高出云霞，
颜妙神怡的王母常居此间。
与永恒的天地同日而生，
仙寿不知有几千几万年。

都说她神灵变化无穷无尽，
在几座仙山建有离宫别馆。
席间酣饮乘酒兴自作新谣，
格高调雅岂同世俗的陈言！

三

原文

迢递槐江岭[1]，是为玄圃丘[2]。

西南望昆墟，光气难与俦。
亭亭明玕照[3]，洛洛清瑶流[4]。
恨不及周穆，托乘一来游。

注释

1 **槐江岭：**《山海经 · 西山经》说在昆仑山以西三百二十里。
2 **玄圃：**在槐江岭山顶，《穆天子传》记周穆王曾游于此。
3 **明玕：**即琅玕，形状似珠的一种美石。传说昆仑山上有琅玕树。
4 **洛洛：**水流下的样子。 **清瑶：**清澈的瑶水。

译文

远处的槐江岭高耸入云，
山顶有美丽的玄圃花丘。
向西南遥望雄伟的昆仑，
夺目的华光宝气直映星斗。
高大的琅玕树闪耀着银辉，
清澈的瑶水不断奔流。
遗憾的是我未跟随周穆王，
搭乘他的车驾去此地一游。

四

丹木生何许[1]？乃在峚山阳。
黄花复朱实，食之寿命长。
白玉凝素液，瑾瑜发其光。
岂伊君子宝？见重我轩黄。

注释

1 **丹木**:《山海经·西山经》:“又西北四百二十里曰峚(mì)山。其上多丹木,员(圆)叶而赤茎,黄花而赤实,其味如饴,食之不饥。丹水出焉,西流注于稷泽,其中多白玉,是有玉膏。其原(源)沸沸汤汤,黄帝是食是飨。是生玄玉。玉膏所出,以灌丹木。丹木五岁,五色乃清,五味乃馨。黄帝乃取峚山之玉荣(即玉英),而投之钟山之阳。瑾瑜之玉为良,坚粟精密,浊泽而有光。五色发作,以和柔刚。天地鬼神,是食是飨;君子服之,以御不祥。”以上即此诗所本。

译文

奇特的丹木生在何处?
人称它长在峚山的南岗。
黄黄的花朵红红的果实,
吃了可以使寿命延长。

神妙的丹水凝结成白玉,
最美的瑾瑜散发出奇光。
稀世之宝难道为君子独有?
它的出现应当归功于轩黄。

五

原文

翩翩三青鸟[1],毛色奇可怜。
朝为王母使,暮归三危山。
我欲因此鸟,具向王母言:
在世无所须,惟酒与长年。

注释

1 **三青鸟**:《山海经·西山经》:“三危之山,三青鸟居之。”《海内北经》:“其南有三青鸟,为西王母取食。”

译文

三青鸟在神山上翩翩飞翔,
瑰奇可爱的羽毛色彩斑斓。
清晨为王母取食远飞千里,
傍晚归来栖居在三危山巅。

我早就想托它一件事情,
为我向王母详细陈言:
我在世间没有其他需求,
只需好酒伴我乐享高年。

六

原文

逍遥芜皋上[1],杳然望扶木[2]。
洪柯百万寻,森散复旸谷[3]。
灵人侍丹池[4],朝朝为日浴。
神景一登天[5],何幽不见烛[6]?

注释

1 **芜皋**:山名,当作“无皋”。《山海经·东山经》:“无皋之山,……东望榑木(即扶木)。”

2 **扶木**:神木名。《山海经·大荒东经》:“大荒之中,有山名曰孽摇頵羝,上有扶木，柱三百里，其叶如芥。”

3 **旸谷**：传说中的日出之处。《淮南子·天文训》：“日出于旸谷，浴于咸池，拂于扶桑，是谓晨明。”

4 **灵人**：指羲和。 **丹池**：即《淮南子》所说的咸池，《山海经》作“甘渊”。《山海经·大荒南经》：“甘水之间，有羲和之国。有女子，名曰羲和，方（为）日浴于甘渊。羲和者，帝俊之妻，生十日。”

5 **神景**：指太阳。

6 **何幽不见烛**：哪一处幽暗的地方不被照亮？

译文

神仙在无皋山上逍遥度日，
远望那大荒山上的扶木。
粗大无比的树干直插云霄，
枝叶四布覆盖了整个旸谷。

羲和侍候在咸池之滨，
每天为她的儿子太阳洗浴。
太阳一旦升上高空，
哪处幽暗之地不光彩耀目？

七

原文

粲粲三珠树[1]，寄生赤水阴。
亭亭凌风桂，八干共成林[2]。
灵凤抚云舞，神鸾调玉音[3]。
虽非世上宝，爱得王母心。

注释

1 **三珠树**:神话传说中的树名。《山海经·海外南经》:“三珠树在厌火北,生赤水上。其为树如柏,叶皆为珠。”

2 **“亭亭”二句**:《山海经·海内南经》:“桂林八树,在番隅东。”郭璞注:“八树而成林,言其大也。”

3 **“灵凤”二句**:《山海经·海外西经》:“此诸夭之野,鸾鸟自歌,凤鸟自舞。”

译文

海外有三珠树光华璀璨,
自古以来在赤水南岸寄生。
高大笔直的桂树迎风傲立,
八棵树相连便成一片森林。

灵异的凤凰伴着浮云飞舞,
神奇的鸾鸟发出声声妙音。
它们虽不是世间的珍宝,
却深深赢得王母的爱怜。

八

原文

自古皆有没,何人得灵长[1]?
不死复不老,万岁如平常[2]?
赤泉给我饮,员丘足我粮[3]。
方与三辰游[4],寿考岂渠央[5]。

注释

1 **灵长**:如神灵般长生。

2 **“不死”二句:**应与上两句连读,都是作者在发问。

3 **“赤泉”二句:**《山海经·海外南经》:“不死民在其东(交胫国之东),其为人黑色,寿,不死。”郭璞注:“有员丘山,上有不死树,食之乃寿。亦有赤泉,饮之不老。”

4 **三辰:**指日、月、星。

5 **岂渠央:**岂会很快完结。渠,通“遽”。央,尽。

译文

从古到今人人不免一死,
有谁的生命能无限延长?
谁能生命无尽又青春永驻?
谁能活一万岁也只觉平常?

取赤泉的神水来饮用,
食员丘的奇树以当粮。
方与日月星三辰同游宇宙,
宝贵的人生岂会立刻消亡。

九

原文

夸父诞宏志[1],乃与日竞走。
俱至虞渊下[2],似若无胜负。
神力既殊妙,倾河焉足有?
余迹寄邓林[3],功竟在身后。

注释

1 **夸父:**神话人物。《山海经·海外北经》:“夸父与日逐走,入日,渴欲得饮,饮于河渭。河渭不足，北饮大泽。未至，道渴而死。弃其杖，化为邓林。”**诞：**夸称。

2 **虞渊：**一作“禺渊”，传说中的日落处。

3 **邓林：**即桃林。

译文

夸父勇称有宏大的志向，
竟然敢与疾行的太阳竞走。
他们一同到达日落的地方，
好似还没有分出谁先谁后。

他的力量是如此神妙非凡，
黄河渭河的水喝完还不够。
留下的手杖化为一片桃林，
大功既成英名永垂宇宙。

十

原文

精卫衔微木[1]，将以填沧海。
刑天舞干戚[2]，猛志固常在。
同物既无虑[3]，化去不复悔。
徒设在昔心，良辰讵可待！

注释

1 **精卫：**神话传说中的鸟名。《山海经·北山经》：“发鸠之山，其上多柘木。有鸟焉，其状如乌，文首、白喙、赤足，名曰精卫，其鸣自詨。是炎帝之少女，名曰女娃。女娃游于东海，溺而不返，故为精卫。常衔西山之木石，以堙于东海。”

2 **刑天**:神话中的兽名。《山海经·海外西经》:“刑天与帝至此争神,帝断其首,葬之常羊之山。乃以乳为目,以脐为口,操干戚以舞。” **干戚**:盾牌和大斧。

3 **同物**:指精卫溺死前与人同物,刑天断首前与兽同物。

译文

精卫鸟衔来细小的树枝,
要填平那浩荡无涯的沧海。
刑天挥舞着盾牌和大斧,
头颅已断壮志却依然存在。
为人为兽时就没有顾虑,
化为异物后更毫不反悔。
我就像他们一样空怀往志,
哪还有什么机会可以等待!

十一

原文

臣危肆威暴[1],钦䲹违帝旨[2]。
窫窳强能变[3],祖江遂独死。
明明上天鉴,为恶不可履。
长枯固已剧[4],鵕鹗岂足恃!

注释

1 **臣危**:人名。《山海经·海内西经》:“贰负之臣曰危。危与贰负杀窫窳,帝乃梏之疏属之山,桎其右足,反缚两手与发,系之山上木。”

2 **钦䲹**:人名。《山海经·西山经》:“其(钟山)子曰鼓,其状如人面而龙身。是与钦䲹杀葆江于昆仑之阳。帝乃戮之钟山之东,曰嶢崖。钦䲹化为大鹗。……鼓亦化为鵕鸟。”葆江，或作“祖江”。

3 **窫窳**(yà yǔ)：怪兽名。《山海经·海内南经》：“窫窳，龙首，居弱水中。”

4 **长枯**：当作“长梏”，长期被桎梏。

译文

臣危肆无忌惮逞威施暴，
钦䲹竟敢于违背天帝旨意。
强悍的窫窳终于被杀，
昆仑的祖江也难逃一死。

上天鉴别善恶明察秋毫，
行凶作恶的事真不可取。
不见钦䲹与鼓被长期桎梏多痛苦，
即使变成恶鸟又有何可恃！

十二

原文

鸱鴸见城邑[1]，其国有放士[2]。
念彼怀王世[3]，当时数来止[4]。
青丘有奇鸟[5]，自言独见尔[6]。
本为迷者生，不以喻君子。

注释

1 **鸱鴸**：鸟名。《山海经·南山经》：“(柜山)有鸟焉，其状如鸱而人手，其音如痹，其名曰鴸，其名自号也，见则其县多放士。”

2 **放士**：遭放逐之士。

3 **怀王**：战国时楚国的国王，昏庸无能，屈原即为其所放逐。

4 **数来止:**数次到来。止,语助词。

5 **青丘有奇鸟:**《山海经 · 南山经》:“(青丘之山)有鸟焉,其状如鸠,其音若呵,名曰灌灌,佩之不惑。”

6 **自言独见尔:**独自出现,意谓很少有人见到。言、尔,皆语助词。见,同“现”。

译文

凶鸟鸱鸮一旦出现在城头,
那里便有遭到流放的人士。
想昏庸的楚怀王当朝年代,
那时此鸟一定来过多次。

青丘山有一种吉祥的奇鸟,
经常独自出现人多莫识。
它原就为执迷不悟者而生,
并非现身启示贤明的君子。

十三

原文

岩岩显朝市[1],帝者慎用才。
何以废共鲧[2]?重华为之来[3]。
仲父献诚言[4],姜公乃见猜[5]。
临没告饥渴[6],当复何及哉!

注释

1 **岩岩:**高峻,这里指显赫的大臣。 **朝市:**这里指朝廷。

2 **共:**共工。 **鲧**(gǔn):夏禹的父亲。

3 **重华:**虞舜。舜、共工和鲧都是尧的臣子,共工和鲧荒淫误事,尧重用舜。

舜把共工流放到幽州，杀鲧于禹山。事见《尚书·舜典》。

4 **仲父：**指管仲。管仲于齐国有功，齐桓公称其为仲父，表示他的地位极高。 **献诚言：**管仲病危时，齐桓公去看他，询问易牙、开方、竖刁三人可否重用，管仲回答说不可。管仲死，桓公竟重用易牙等三人。后三人果然作乱。事见《韩非子·十过》及《史记·齐太公世家》。

5 **姜公：**齐桓公。

6 **临没告饥渴：**易牙等三人作乱，桓公临死时饥渴难忍，央求一妇人，终不得，乃叹曰："我将何面目以见仲父乎？"事见《吕氏春秋·知接篇》。

译文

显赫的臣僚在朝廷出入，
为君为帝者应当慎用人才。
为什么要废弃共工和鲧？
这原是舜帝英明的安排。

管仲向齐桓公真诚吐言，
桓公竟抱着猜疑的心态。
及至临死告人饥渴难忍，
后悔莫及那真是活该！

蜡　日[1]

原文

风雪送余运[2]，无妨时已和。

梅柳夹门植，一条有佳花。
我唱尔言得[3]，酒中适何多。
未能明多少，章山有奇歌[4]。

原文

1 **蜡(zhà)：**古代的一种年终祭祀。
2 **余运：**指岁终。
3 **尔言得：**你说能心领神会。得，谓心中有所得，有所体会。
4 **章山：**《山海经·中山经》："(鲜山)又东三十里曰章山，其阳多金，其阴多美石。皋水出焉，东流注于澧水。"

译文

朔风吹雪花飘送别岁暮，
天气寒冷却不碍时节祥和。
门前两旁长满了梅树柳树，
一路开遍了迎春的花朵。

我高唱新诗你心领神会，
酒酣耳热的时候真是太多。
不知这种乐事究竟有多少，
且再倾听一曲章山奇歌。

答庞参军[1]

原文

三复来贶[2],欲罢不能。自尔邻曲,冬春再交。款然良对,忽成旧游。俗谚云"数面成亲旧",况情过此者乎?人事好乖,便当语离。杨公所叹[3],岂惟常悲!吾抱疾多年,不复为文。本既不丰[4],复老病继之。辄依周礼往复之义[5],且为别后相思之资。

相知何必旧,倾盖定前言[6]。
有客赏我趣,每每顾林园。
谈谐无俗调,所说圣人篇。
或有数斗酒,闲饮自欢然。
我实幽居士,无复东西缘[7]。
物新人惟旧[8],弱毫多所宣[9]。
情通万里外,形迹滞江山。
君其爱体素[10],来会在何年?

注释

1 **庞参军:**名不详,当是江州刺史、卫军将军王宏的参军。参军为将军的重要幕僚。

2 **三复来贶:**再三展阅你的赠诗。贶,赐予,这里指庞的赠诗。

3 **杨公所叹:**杨公,杨朱。《淮南子·说林训》:"杨子见逵路而哭之。"高诱注:"道九达曰逵,悯其别也。"

4 **本：**指身体。

5 **周礼往复之义：**《礼记·曲礼》："礼尚往来。往而不来，非礼也；来而不往，亦非礼也。"

6 **倾盖：**一见如故的新交。古谚说"白头如新，倾盖如故"，意谓有些人很早就互相认识，但直到头发已白，仍彼此不了解，如同才见面一般；而有些人路上相遇，停车交谈，有如故人，彼此车盖都为之倾斜。

7 **东西缘：**在仕途上东奔西走的机会。

8 **物新人惟旧：**器物愈新愈好，人的交往愈久愈好。《尚书·盘庚》："人惟求旧，器非求旧，惟新。"

9 **弱毫：**指笔。 **宣：**互通音信。

10 **体素：**身体。

译文

我再三展读你写给我的新诗，爱不释手。自从我们成为邻居以来，至今已过去两年。真诚而又愉快的交谈使我们当初很快就成了老朋友。民间谚语说："人们经过几次会面以后，就可能有如故旧亲朋。"何况你我之间的感情岂止数面之交呢！人世间的事情多不称心，如今又要我提起分离的话头，真似杨朱感伤离别，难道只是寻常的悲痛吗？我患病多年，不再写作。身体原本瘦弱，加之年老体病，但仍然依照《周礼》"礼尚往来"的意思，写下这首答诗，聊且作为别后相思的纪念。

相互知心何必都是旧交，
这定是倾盖相交者的观点。

你是与我志趣相投的朋友，
经常光顾我简陋的林园。
彼此谈笑绝无世间的俗气，
所说离不开圣人的遗篇。

有时还能斟上几杯水酒，
悠闲对饮自觉无限欢欣。

我是一个隐居山林的闲人，
再也没有东奔西走的机缘。
器物要新朋友却越旧越好，
让我们用纸笔把音信多传。

感情相通不怕隔千里万里，
江山只能把你我暂时分散。
衷心地望你多保重身体，
把杯相聚不知在何月何年！

答庞参军

原文

庞为卫军参军，从江陵使上都[1]，过浔阳[2]见赠。

衡门之下[3]，有琴有书。
载弹载咏，爰得我娱。
岂无他好？乐是幽居。
朝为灌园，夕偃蓬庐。

人之所宝，尚或未珍。

不有同好,云胡以亲?
我求良友,实觏怀人。
欢心孔洽[4],栋宇惟邻。

伊余怀人[5],欣德孜孜[6]。
我有旨酒[7],与汝乐之。
乃陈好言,乃著新诗。
一日不见,如何不思!

嘉游未斁[8],誓将离分[9]。
送尔于路,衔觞无欣。
依依旧楚[10],邈邈西云。
之子之远[11],良话曷闻!

昔我云别,仓庚载鸣[12]。
今也遇之,霰雪飘零。
大藩有命[13],作使上京。
岂忘宴安,王事靡宁。

惨惨寒日,肃肃其风。
翩彼方舟[14],容与江中[15]。
勖哉征人[16],在始思终。
敬兹良辰,以保尔躬[17]。

注释

1 **江陵:**今湖北荆州市江陵县。 **上都:**京都,指建业(今江苏南京)。

2 **浔阳:**今江西九江。

3 **衡门:**横木为门,指居处简陋。
4 **孔洽:**非常融洽。孔,甚。
5 **伊:**语助词。 **怀人:**所怀念的人,指庞参军。
6 **欣德:**好德。 **孜孜:**勤勉不倦。
7 **旨:**佳肴美味。
8 **斁**(yì):厌。
9 **誓:**语助词。
10 **旧楚:**指江陵,这里曾是古代楚国的国都。
11 **之子:**此人,指庞参军。
12 **仓庚:**黄莺。
13 **大藩:**指宜都王刘义隆。时刘义隆以荆州刺史镇江陵,庞参军奉刘之命出使京城。
14 **方舟:**二船并行曰方舟。
15 **容与:**船缓行的样子。
16 **勖:**勉励。
17 **躬:**身体。

译文

庞君担任卫军将军的参军,从江陵启程,出使京都。船过浔阳,有诗赠我。

居处简陋我毫不在乎,
或弹清琴或诵诗书。
兴致一来便边弹边唱,
从中得到最大的乐趣。

难道没有其他的爱好?
只因为乐于在此安居。

清早起来灌溉园林，
傍晚在草庐中休息。

有的人视为珍宝的器物，
有的人或许还不以为然。
如果没有相同的爱好，
那又凭什么交流情感？

我常在寻求相知的朋友，
遇上你才算了却心愿。
如此投合多么令人高兴，
比邻而居可以朝夕相见。

你是我真心怀念的友人，
注重德行勤勉不息。
我每逢有佳肴好酒，
总是邀你欢然相聚。
一起亲切愉快地交谈，
共同切磋新写的诗句。
倘若有一天不曾相见，
叫我如何不深深思忆！

快乐的交游兴味正浓，
哪料想分离就在眼前。
我在大路口为你饯行，
举杯不饮心中凄然。

依依难舍你远上江陵，
只有西逝的浮云伴绕征帆。
你就这样去了，去往远方，
从今以后难闻挚友的良言！

前次我们分别的时候，
乱飞的黄莺绕树啼鸣。
如今我们又喜庆重逢，
却已彤云密布大雪纷纷。

上司垂青委你以重任，
你即将跋山涉水出使京城。
难道你不想图闲片刻？
无奈天下未安国事未宁。

冬日的阳光带着几分凄伤，
天边正刮着迅猛的朔风。
你乘坐的官船顺流而下，
缓缓行驶于浔阳江中。

远行的人啊你好自为之，
为事既需善始还要善终。
我在这良辰吉日为你祈祷，
但愿你永远康健永远安平。

咏二疏[1]

原文

大象转四时[2]，功成者自去。
借问衰周来，几人得其趣？
游目汉廷中，二疏复此举。
高啸返旧居，长揖储君傅[3]。
饯送倾皇朝，华轩盈道路。
离别情所悲，余荣何足顾[4]。
事胜感行人，贤哉岂常誉！
厌厌闾里欢[5]，所营非近务[6]。
促席延故老，挥觞道平素[7]。
问金终寄心[8]，清言晓未悟[9]。
放意乐余年，遑恤身后虑！
谁云其人亡？久而道弥著。

注释

1 **二疏**：指西汉的疏广、疏受。汉宣帝时，疏广为太子太傅，其侄疏受为太子少傅。任职五年，疏广以为名位已如此之高，不离开恐有后患，便与疏受一同辞官还乡。公卿大夫及朋友们前往送行的车子达数百辆。观者皆曰："贤哉二大夫！"汉宣帝和皇太子给了他们不少金银，回乡后，二人不思存置，日具酒食与宾朋故旧欢聚。事见《汉书·疏广传》。

2 **大象**：指宇宙自然。

3 **长揖：**辞谢。 **储君：**太子。 **傅：**太傅和少傅。辅导太子的官，职位很高。

4 **余荣：**过多的荣耀。

5 **厌厌：**安逸的样子。

6 **近务：**指眼前的琐事。

7 **平素：**生平旧事。

8 **问金终寄心：**《疏广传》中说，有人数次询问疏广还留有多少金银，其子孙又托人劝说他购置田产。疏广说："吾岂老悖不念子孙哉！顾自有旧田庐，令子孙勤力其中，足以供衣食，与凡人齐。今复增益之，以为赢余，但教子孙怠惰耳。贤而多财，则损其志；愚而多财，则益其过。"

9 **晓未悟：**晓示不明白事理的人。

译文

宇宙星移斗转四时交替，
功成名就者也当有来有去。
请问周王朝衰亡以来，
有几人识得其中的道理？

纵观汉代各朝人物，
只有显赫的二疏急流勇退。
二人长啸高吟返归故乡，
辞去太傅少傅的官职。

满朝文武为他们送行，
华贵的车马拥塞长街十里。
离别自然免不了悲伤，
但过多的荣宠又何须顾及。
这非凡的胜事感动了行人，
称其贤达岂是一般的赞誉。

返居乡里后安闲欢乐，
所作所为都非寻常之举。
邀请故老乡亲促席相会，
一边饮酒一边畅谈往事。

子孙关心遗产托人询问，
便以良言向糊涂的人晓示。
纵情享受此生的余年，
哪有心思去想身后的遭遇！

谁说他们已不存在于人世？
时间愈久声名就愈彪炳青史。

咏三良[1]

原文

弹冠乘通津[2]，但惧时我遗。
服勤尽岁月，常恐功愈微。
忠情谬获露，遂为君所私[3]。
出则陪文舆，入必侍丹帷。
箴规响已从，计议初无亏。
一朝长逝后，愿言同此归。
厚恩固难忘，君命安可违[4]？

临穴罔惟疑[5]，投义志攸希[6]。
荆棘笼高坟，黄鸟声正悲。
良人不可赎[7]，泫然沾我衣。

注释

1 **三良**：指秦国子车氏的三个儿子奄息、仲行、鍼虎。《左传·文公六年》："秦伯任好（秦穆公）卒，以子车氏之三子……为殉，皆秦之良也。国人哀之，为之赋《黄鸟》。"《黄鸟》见《诗经 · 秦风》，其序有云："《黄鸟》，哀三良也。国人刺穆公以人从死，而作是诗也。"黄鸟即黄雀。

2 **弹冠**：整饰衣冠准备上朝，指出仕为官。 **通津**：要津，指显要的地位。

3 **所私**：所亲近。

4 **君命**：指秦穆公希望三良与他同死的心愿。《史记正义》引应劭曰："秦穆公与群臣饮酒酣，公曰：'生共此乐，死共此哀。'于是奄息、仲行、鍼虎许诺。及公薨，皆从死。"

5 **罔惟疑**：无所顾虑。

6 **志攸希**：志之所愿。

7 **不可赎**：不可赎回，不可挽救。《黄鸟》："彼苍者天，歼我良人。如可赎兮，人百其身。"

译文

决心从政终于得到重用，
勤勤恳恳只恐光阴空逝。
一年到头尽心忙于公务，
常怕功劳太小贡献不巨。

忠诚之心终获显露的机会，
成为国君最亲近的臣子。
外出则同坐华贵的大车，

在内则一天到晚左右不离。
凡是进谏必然言听计从，
凡有建议也无不被纳取。

秦穆公曾表示百年之后，
希望三人与他一同死去。
君恩深厚原不可遗忘，
君命如山又怎能不依？
身临墓穴心中无所顾虑，
以身殉义正是三人的素志。

高高的坟墓上荆棘丛生，
黄雀低飞一声声悲啼。
三良的生命已不可赎回，
千载之后我不禁涕泣沾衣。

咏荆轲[1]

原文

燕丹善养士[2]，志在报强嬴。
招集百夫良[3]，岁暮得荆卿。
君子死知己，提剑出燕京。
素骥鸣广陌，慷慨送我行。
雄发指危冠，猛气冲长缨。

饮饯易水上[4]，四座列群英。
渐离击悲筑[5]，宋意唱高声[6]。
萧萧哀风逝，淡淡寒波生。
商音更流涕，羽奏壮士惊。
心知去不归，且有后世名。
登车何时顾，飞盖入秦庭。
凌厉越万里，逶迤过千城。
图穷事自至，豪主正怔营[7]。
惜哉剑术疏，奇功遂不成！
其人虽已没，千载有余情。

注释

1 **荆轲**：战国时齐人，后到燕国，燕人称之为荆卿。燕太子丹曾在秦国做人质，因嬴政（即后来的秦王）待他不好而逃回。为了报仇，他招集勇士，谋刺秦王。得到荆轲以后，待以上宾之礼，荆轲慨然许诺入秦行刺。他带上燕国督亢的地图（秦王很想得到的一张图），并在图中藏了一把匕首。临行前，燕太子丹和宾客于易水旁为其饯行，高渐离击筑，荆轲怒发冲冠，和而歌曰："风萧萧兮易水寒，壮士一去兮不复还。"众人无不垂泪。然后荆轲驱车直赴秦国。见到秦王以后，献上地图，展开完毕，露出了匕首。荆轲左手把住秦王衣袖，右手持匕首刺之，但未能刺中，终于为秦王左右所杀。事见《史记·刺客列传》。

2 **燕丹**：即燕太子丹，燕王喜之子。

3 **百夫良**：百夫中最勇敢的人。

4 **易水**：在今河北省西部，大清河上游支流。

5 **渐离**：高渐离，荆轲好友，善击筑。 **筑**：古代乐器，形似筝。

6 **宋意**：燕太子丹门客。

7 **怔营**：惊恐的样子。

译文

燕太子丹最善于收养贤士，
为的是报复强暴的嬴政。
他希望招收百中选一的勇夫，
终于在岁暮访求到了荆卿。
真义士为知己视死如归，
手提利剑奋然辞别燕京。

白马在大路旁昂首长嘶，
太子和宾客都来慷慨送行。
怒发直指头上的高冠，
猛气冲动了系冠的长缨。
在易水河边设宴以壮行色，
满座都是当世的豪英。

高渐离击筑流水为之呜咽，
宋意高歌一曲响遏行云。
朔风萧萧吹向遥远的天际，
寒波淡淡江面雾绕烟腾。
悲凉的音调使诸人泪流满面，
激昂的节拍惊起壮士的豪情。

深知这一去再也不能回返，
却坚信必然留下千古英名。
纵身登车无暇回头再顾，
一路飞驰直赴秦国的京城。
勇往无前穿越河山万里，

历尽曲折经过千百座城镇。

展开献上的地图匕首出现，
不可一世的秦王惊恐失神。
只可惜剑术不精反遭杀害，
复仇除暴的奇功亏于一瞬！
一代英雄虽已含恨而死，
千载之后犹令人肃然起敬。

赠长沙公[1]

原文

余于长沙公为族祖，同出大司马[2]。昭穆既远[3]，以为路人。经过浔阳，临别赠此。

同源分流，人易世疏。
慨然寤叹，念兹厥初。
礼服遂悠[4]，岁月眇徂。
感彼行路，眷然踌躇。

於穆令族[5]，允构斯堂[6]。
谐气冬暄，映怀圭璋[7]。
爰采春华[8]，载警秋霜[9]。
我曰钦哉，实宗之光。

伊余云遘[10]，在长忘同[11]。
笑言未久，逝焉西东。
遥遥三湘，滔滔九江。
山川阻远，行李时通[12]。

何以写心？贻此话言。
进篑虽微[13]，终焉为山[14]。
敬哉离人，临路凄然。
款襟或辽[15]，音问其先。

注释

1 **长沙公：**陶侃曾封长沙郡公，死后爵位由嫡系子孙世袭。本诗所说的长沙公系指比陶渊明小两辈的陶侃嫡系后代。

2 **大司马：**陶侃封长沙郡公，赠大司马。

3 **昭穆：**古代宗庙制度，以始祖居中，父辈在左，子辈在右。左为昭，右为穆。墓葬及祭祀时排列次序，也要分昭穆。后世便以昭穆指同宗的世系。

4 **礼服：**服丧时穿的衣服，古代因同宗关系的疏近，丧服也有所区别。此处"礼服"指宗族关系。

5 **於(wū)穆：**赞叹词。

6 **允构斯堂：**指继承祖业。允，的确能够。构，建筑。《尚书·大诰》："若考（你父）作室，既厎（致）法，厥子乃弗肯堂，矧肯构？"意谓父亲已做好建房的规划，但儿子不肯建屋基，又岂能建好房屋？这是用建筑房屋比喻继承父业，后世因以"肯堂肯构"指继承祖辈业绩。

7 **圭璋：**珍贵的玉器。

8 **春华：**比喻年轻时即富有才学。

9 **警秋霜：**以秋霜为警。秋霜，比喻日后没有成就。

10 **伊、云：**皆助词。

11 **在长忘同：**因为年长，一时忘了是同宗。

12 **行李**:通往来的使者,这里引申指音信。

13 **篑**(kuì):盛土的竹筐。

14 **为山**:指建立功业。《论语·子罕》:"譬如为山,未成一篑,止,吾止也。"《尚书·旅獒》:"为山九仞,功亏一篑。"

15 **款襟**:指谈心。款,叩。襟,胸怀。

译文

论起关系来,我是长沙公的族祖,同是大司马的后代。由于同宗的关系相隔较远,彼此不曾相认,如同路人。近日他经过浔阳,临走时我以此诗相赠。

你我犹如同出一源的支流,
但人事变迁世系渐渐相疏。
相认以后不禁感慨系之,
共同怀念起当初的始祖。

同宗同族之间如此疏远,
那是岁月流逝的缘故。
初见如同路人惋叹不已,
无限深情彼此相顾踌躇。

好一个昌盛的陶氏宗族,
后辈都能继承先人的榜样。
你气度谐和有如冬时煦日,
胸怀宽广像玉器一般明亮。

年轻时就饱读诗书,

日后的功名事业时时不忘。
你的才能和学识令人钦佩，
这真是我们宗族的荣光。

这一次相见纯属偶然，
我竟忘了彼此原是同宗。
欢聚谈笑的时间如此短暂，
真不忍即将分别各奔西东。

你要去那遥远的三湘之地，
我却留在浪涛飞逝的江城。
不怕山川将我们远远阻隔，
但愿感情长在音信常通。

不知如何表达我的心情，
只好匆匆写下这一组诗篇。
人生只要一步一步地进取，
就一定能登上事业的峰巅。

你即将启程离别此地，
在送行的路口我好不凄然。
今后或许难以相聚谈心，
天各一方却不妨音问频传。

有会而作[1]

原文

旧谷既没，新谷未登。颇为老农[2]，而值年灾。日月尚悠，为患未已。登岁之功[3]，既不可希。朝夕所资，烟火裁通[4]。旬日以来，始念饥乏。岁云夕矣[5]，慨然永怀。今我不述，后生何闻哉！

弱年逢家乏，老至更长饥。
菽麦实所羡，孰敢慕甘肥！
惄如亚九饭[6]，当暑厌寒衣。
岁月将欲暮，如何辛苦悲！
常善粥者心[7]，深念蒙袂非。
嗟来何足吝，徒没空自遗[8]。
斯滥岂攸志[9]？固穷夙所归。
馁也已矣夫，在昔余多师。

注释

1 **有会：**有感。

2 **颇为老农：**长期务农，年纪已老。

3 **登岁之功：**指一年的收成。

4 **裁：**通"才"。

5 **岁云夕矣：**年底将至。云，语助词。

6 **惄(nì)如：**饥饿难受的样子。 **九饭：**一个月吃九餐饭。《说苑·立节》："子思居卫,贫甚,三旬而九食。”

7 **粥者:**指黔敖。《礼记·檀弓》:“齐大饥,黔敖为食于路,以待饿者而食之。有饿者蒙袂辑屦,贸贸然来。黔敖左奉食,右执饮,曰:‘嗟! 来食!’扬其目而视之,曰:‘予惟不食嗟来之食,以至于斯也。’从而谢焉,终不食而死。”

8 **自遗:**自失。以上四句是作者的反语。

9 **斯滥:**行为放纵。《论语 · 卫灵公》:“君子固穷,小人穷斯滥矣。”

译文

陈谷已经吃完,而新谷还没有收获。干了多年的农活,如今已老,加以遇上灾荒,后来的日子还长,忧患将没完没了。今年的收成已不敢指望,每日的口粮才够维持不断炊灶的水平。这十多天以来,我开始感到了饥饿和疲乏。年终将至,不禁深有所感。我如果不把亲身经历的困苦记述下来,子孙后代又如何能知道呢!

少年时代便家境贫乏,
老来忍饥挨饿更习以为常。
家常便饭就使我十分满足,
美味佳肴从不敢奢想。

一月九餐我不亚于子思,
夏季里还穿着讨厌的冬装。
眼看暑往寒来一年将尽,
辛酸如我怎么能不悲伤!

常以为荒年施粥者心肠慈善,
深感蒙面不食者有些荒唐。
嗟来之食有什么值得可恨,

白白饿死自失思量。

放纵无拘岂是平生素志？
固穷守节才是我的愿望。
饥饿和疲乏又何足挂齿，
我决心以古代先贤为榜样。

乞食

原文

饥来驱我去，不知竟何之。
行行至斯里，叩门拙言辞。
主人解余意，遗赠岂虚来。
谈谐终日夕，觞至辄倾杯。
情欣新知欢，言咏遂赋诗。
感子漂母惠[1]，愧我非韩才。
衔戢知何谢[2]，冥报以相贻[3]。

注释

1 **漂母：**《史记·淮阴侯列传》说韩信在城边垂钓，有一个洗衣服的老妇人见他饥饿，便给他饭吃。韩信深为感激，发誓“吾必有以重报母”。后来韩信被封为楚王，果然“召所从食漂母，赐千金”。

2 **衔戢：**藏敛的意思，这里指内心深处非常感激。

3 **冥报：**死后报恩。

译文

饥饿驱使我不得不去乞食，
出门以后又不知何往何去。
走呀走呀来到了一座小村庄，
敲开大门以后又难以启齿。
我的来意主人一见就知道，
赠以酒饭我自庆此行不虚。

言谈欢洽终日毫无倦意，
端起酒杯总是一干见底。
遇上新知心中无比痛快，
我不禁吟咏推敲即兴赋诗。

你的善心有如漂母令人感动，
惭愧的是我没有韩信的才识。
内心深处说不尽感谢之情，
即使死后也要报答你的恩施。

挽歌诗三首[1]

一

原文

有生必有死，早终非命促[2]。

昨暮同为人，今旦在鬼录。
魂气散何之？枯形寄空木[3]。
娇儿索父啼，良友抚我哭。
得失不复知，是非安能觉？
千秋万岁后，谁知荣与辱？
但恨在世时，饮酒不得足。

注释

1 这三首诗是陶渊明逝世前写的自挽之词。

2 **早终非命促：**早死不是由于命运的催促，意谓生死纯属自然。

3 **空木：**棺材。

译文

世间所有的人都有生有死，
短命早死那是自然的定数。
昨夜大家还同是常人，
今早我却上了死鬼的名录。

魂气四散不知飘向何方，
尸体已装进了漆黑的棺木。
娇儿喊叫着父亲泣不成声，
好友以手抚棺号啕痛哭。

平生得失我已不复知道，
对人世的是非也毫无感触。
千年万载之后名亡骨朽，
谁又了解我一生的荣辱？

最遗憾的是在世数十余年，
喝酒从来就未曾得到满足。

二

原文

在昔无酒饮，今旦湛空觞[1]。
春醪生浮蚁[2]，何时更能尝？
肴案盈我前，亲旧哭我傍。
欲语口无音，欲视眼无光。
昔在高堂寝，今宿荒草乡。
一朝出门去，归来良未央。

注释

1 **湛：**清澄。
2 **浮蚁：**指酒面上的浮沫。

译文

生前贫困常常无酒可饮，
今日那些空杯却酒满溢香。
浓浓的玉液泛着一层浮沫，
我何时再能够举杯品尝？

盛着肉食的盘子摆满灵前，
亲戚朋友在身边哭断肝肠。
想说几句话口中不能发声，
想看看这场面眼睛已经无光。

昨天还睡在舒适的房屋中，
今夜却独宿荒草丛生的山冈。
一旦离开了无限留恋的家，
就再也没有回归的希望。

三

原文

荒草何茫茫，白杨亦萧萧。
严霜九月中，送我出远郊。
四面无人居，高坟正嶕峣[1]。
马为仰天鸣，风为自萧条。
幽室一已闭[2]，千年不复朝。
千年不复朝，贤达无奈何。
向来相送人，各自还其家。
亲戚或余悲，他人亦已歌[3]。
死去何所道，托体同山阿。

注释

1 **嶕峣**：高高耸起的样子。
2 **幽室**：指墓穴。
3 **已歌**：已在歌唱，意谓悲哀已经消失。

译文

凄凉的旷野荒草一望无际，
北风劲吹只听得白杨萧萧。
寒霜普降的九月中旬，

众人抬着我来到了远郊。
四周一片荒芜不见人烟，
高高的坟堆遍布山腰。

爱马为我仰天长鸣，
悲风为我低泣哀号。
墓穴已经用黄土封闭，
千秋万代再也无阳光相照。
千秋万代再也无阳光相照，
圣贤达人也只能永远寂寥。

前来相送我出葬的人们，
又回到各自的家中去了。
我的亲人或许犹有余悲，
一般相识的人已不再伤悼。
一死万事皆休还有何可说，
躯壳永寄青山长此逍遥。

联　句[1]

原文

鸣雁乘风飞，去去当何极？
念彼穷居士，如何不叹息！ 渊明
虽欲腾九万[2]，扶摇竟何力[3]？

远招王子乔[4]，云驾庶可饬[5]。愔之
顾侣正徘徊，离离翔天侧[6]。
霜露岂不切？务从忘爱翼。循之
高柯擢条干[7]，远眺同天色。
思绝庆未看，徒使生迷惑[8]。渊明

注释

1 此诗载于历代各本陶集之末，其中标明为渊明所作的诗句，难以确定真伪。愔之、循之二人不知其姓氏和事迹。

2 **九万：**九万里。《庄子・逍遥游》："鹏之徙于南溟也，……抟扶摇而上者九万里。"

3 **扶摇：**由下而上的旋风，这里指飞腾。

4 **王子乔：**仙人。一说名晋，字子晋。详见《述酒》注 23。

5 **云驾：**云车。 **饬：**整饬车马，以备行驶。

6 **离离：**两两。

7 **擢：**挺拔。

8 **"思绝"二句：**诗意不甚明了，译文据上文略加发挥。

译文

大雁长鸣乘劲风而高飞，
不知要飞到什么遥远的极地。
想那穷居野处的贫寒之士，
目睹去雁怎能不声声叹息！

我也想学大雁远飞九万里，
只可惜飞翔的力量不济。
如果从天上请来仙人王子乔，
驾上他的云车或可腾空而起。

有时徘徊不前顾视着伴侣，
有时两两成行翱翔于天际。
严霜冻露难道不使大雁悲切？
但务必相从可以不惜羽翼。

高耸入云的大树枝干挺拔，
树叶青青远望与天色无异。
我知道大雁为什么不敢多看，
因为留恋美景会把前程忘记。

文

闲情赋

原文

初，张衡作《定情赋》[1]，蔡邕作《静情赋》[2]，检逸辞而宗淡泊，始则荡以思虑，而终归闲正[3]。将以抑流宕之邪心，谅有助于讽谏。缀文之士，奕代继作[4]，并因触类，广其辞义。余园闾多暇，复染翰为之。虽文妙不足[5]，庶不谬作者之意乎！

译文

从前，张衡作《定情赋》，蔡邕作《静情赋》，收敛逸乐的文辞而以恬静寡欲为宗旨，虽然开始情思放荡不受约束，但最终能归于闲雅平正。作赋如果是想用来抑制放荡不羁的邪念，就可能达到婉言相劝的目的。历代作家一个接着一个继续写这样的内容，都是因为连类而及触动了自己的情思，不断扩充其文辞和意义。我身居家乡多有闲暇，再次提笔来写它。虽然文采不够，但或许不至于违背前代作家的写作宗旨吧。

注释

1 **张衡：**字平子，东汉著名的文学家和卓越的天文学家，官至尚书。所作《定情赋》逸文见《全后汉文》。

2 **蔡邕：**字伯喈，东汉末年著名文学家、书法家。董卓专权时，官至左中郎将。所作《静情赋》已逸。有《蔡中郎集》。

3 **闲正：**闲雅平正。《闲情赋》即取义于此，与张衡《定情赋》、蔡邕《静情赋》取意相近。

4 **奕(yì)代：**屡代，一代接一代。 **继作：**明何孟春注："赋情始楚宋玉、汉司马相如，平子、伯喈继之为《定》《静》之辞，而魏则陈琳、阮瑀作《止欲赋》，王粲作《闲邪赋》，应玚作《正情赋》，曹植作《静思赋》，晋张华作《永怀赋》，此靖节所谓‘奕世继作，并因触类，广其辞义’者也。”

5 **文妙：**文采。

原文

夫何瑰逸之令姿，独旷世以秀群。表倾城之艳色，期有德于传闻。佩鸣玉以比洁，齐幽兰以争芬。淡柔情于俗内，负雅志于高云。悲晨曦之易夕，感人生之长勤。同一尽于百年，何欢寡而愁殷！褰朱帏而正坐，泛清瑟以自欣。送纤指之余好，攘皓袖之缤纷。瞬美目以流盼，含言笑而不分[1]。曲调将半，景落西轩。悲商叩林[2]，白云依山。仰睇天路，俯促鸣弦。神仪妩媚，举止详妍。

激清音以感余，愿接膝以交言。欲自往以结誓，惧冒礼之为諐[3]。待凤鸟以致辞[4]，恐他人

译文

她美丽的姿容是多么奇特俊逸，旷绝一世，独秀超群。外貌不仅有倾城的美色，内心还期望自己的品德天下闻名。她的高洁可与佩玉相比美，她的香泽可与幽兰争芳馨。身处世俗之中而柔情淡远，怀抱高雅之志直可凌云。旭日易落，谁不为之悲叹；人生辛苦，谁不感慨丛生！百年之后同归于尽，为什么有的人多烦忧而少欢欣！她掀开红色的帏幕，端端正正而坐，弹起清冷的琴瑟独自开心。纤纤素手奏出琴音袅袅，洁白的衣袖飘舞纷纷。美丽的眼睛一闪一闪，顾盼生姿，似言似笑、似笑非笑特别动人。一曲还没有弹完，日影已落在西窗之棂。悲凉的秋风回荡在林间，悠悠的白云依恋山峰。仰首凝望天边景物，低头急促拨动鸣琴。神情仪态妩媚可爱，一举一动又那么安祥娴静。

我被美人弹出的优美琴音深深感动，多么想和她促膝谈心。我打算亲自去和她山盟海誓，又怕冒犯礼法造成过错，难以为情。想等待凤凰飞来为我传话致意，又担

之我先。意惶惑而靡宁，魂须臾而九迁。

心有人抢先而成。我六神无主，惶惑不宁，片刻难安，颠倒神魂。

注释

1 **含言笑：**亦言亦笑，似言似笑。

2 **悲商：**悲凉的秋风。 **叩林：**吹动林木。古人以徵、角、商、羽表四季。《礼记·月令》："孟秋之月，……其音商。"

3 **冒礼：**冒犯礼法。

4 **凤鸟：**婚姻的媒介、使者。传说帝喾高辛氏用凤凰传送礼物，娶得简狄。

原文

愿在衣而为领，承华首之余芳；悲罗襟之宵离，怨秋夜之未央。愿在裳而为带，束窈窕之纤身；嗟温凉之异气，或脱故而服新。愿在发而为泽，刷玄鬓于颓肩[1]；悲佳人之屡沐，从白水以枯煎。愿在眉而为黛，随瞻视以闲扬；悲脂粉之尚鲜，或取毁于华妆。愿在莞而为席[2]，安弱体于三秋；悲文茵之代御[3]，方经年而见求。愿在丝而为履，附素足以周旋；悲行止之有节，空委弃于床前。愿在昼而为影，

译文

我愿化作美人身上的衣领，承受她脖子上的余香；只可惜她到了夜晚就要脱掉罗衣，埋怨秋天的夜晚太长。我愿化作美人身上的裙带，系在她那柔软纤细的腰上；只可惜天气冷热变化无常，有时要脱掉旧装换新装。我愿化作美人头上的油膏，使她披肩的黑发油亮发光；只可惜她常常洗发，油膏随着清水流走而枯干。我愿化作美人眉上的青黛，伴随着她的美目而张扬；只可惜脂粉一味讲究鲜艳，青黛只能掩于浓妆。我愿化作美人的莞席，让她那柔弱的身体在秋天里舒适地卧躺；只可惜天气一冷，席子就被皮褥代替，要等到来年才能派上用场。我愿化作美人的绣花鞋，紧紧地附在她那白藕似的脚上；只可惜她的行动有所节制，有时空搁在床前被她遗忘。我愿化作美人的影子，依伴着她的形体走

常依形而西东；悲高树之多荫，慨有时而不同。愿在夜而为烛，照玉容于两楹；悲扶桑之舒光[4]，奄灭景而藏明[5]。愿在竹而为扇，含凄飙于柔握；悲白露之晨零[6]，顾襟袖以缅邈。愿在木而为桐，作膝上之鸣琴；悲乐极以哀来，终推我而辍音。

遍四方；只可惜高高的大树浓荫蔽日，有时影子会被树荫所遮挡。我愿化作黑夜的蜡烛，在两柱间照着美人那如花似玉的模样；只可惜旭日东升，蜡烛很快就熄灭了光芒。我愿化作竹制的小扇，在美人柔嫩的手中扇出阵阵清凉；只可惜清晨降下白露，我又不得不远离她的身旁。我愿化作树中的梧桐，制成鸣琴置于美人的膝上；只可惜她乐极生悲，终于停止弹奏，将我闲放。

注释

1 **颓肩：**削肩，古人以削肩为美。

2 **莞**(guān)**：**蒲草，可制席，即莞席。

3 **文茵：**有文采的皮褥子，多用虎皮制成。　**代御：**替换使用。

4 **扶桑：**神话传说中的树名，太阳每天从树下升起。这里代指太阳。

5 **灭景：**指烛光消失。　**藏明：**指烛光被太阳光掩盖。

6 **晨零：**早晨降落。

原文

考所愿而必违，徒契契以苦心。拥劳情而罔诉，步容与于南林[1]。栖木兰之遗露，翳青松之余阴。傥行行之有觌，交欣惧于中襟。竟寂寞而无见，独悁想以空寻[2]。

译文

细想起来，这些愿望都不能实现，白白地费尽了我的一片苦心。我满腹忧情无处倾诉，姑且徘徊于南边的树林。时而停留在带有残露的木兰花旁，时而漫步于青翠欲滴的松荫下。倘若在徘徊中与她相会，欣喜与恐惧将交织在心中。我终于见不到美人的倩影，苦苦相思而空自觅寻。

我整理衣裳往回走去，对着夕阳而放声

敛轻裾以复路，瞻夕阳而流叹。步徙倚以忘趣[3]，色惨凄而矜颜[4]。叶燮燮以去条[5]，气凄凄而就寒。日负影以偕没，月媚景于云端。鸟凄声以孤归，兽索偶而不还。悼当年之晚暮，恨兹岁之欲殚。思宵梦以从之，神飘摇而不安。若凭舟之失棹，譬缘崖而无攀。

长叹。迷惘彷徨不知往何处走，神情沮丧脸色难看。树叶飒飒然飘离枝条，天气清冷渐渐转寒。落日带着它的影子一同西沉，月亮媚人的光影在云中何其璀璨。鸟儿凄叫着孤独地飞还树巢，野兽为寻找伴侣而不肯回返。我感伤自己壮年已过即将迟暮，怅恨今年的日子已没有几天。我盼着能在梦中追随她，神情恍惚而悒悒不安。好像划船却丢失了船桨，好像登山又无从攀缘。

注释

1 **容与**：徘徊，犹豫不前。

2 **悁想**：忧思。

3 **徙倚**：徘徊不前的样子。 **趣**：通“趋”。

4 **矜颜**：敛颜。

5 **燮燮**(xiè)：落叶声。

原文

于时毕昴盈轩[1]，北风凄凄，惘惘不寐[2]，众念徘徊。起摄带以伺晨，繁霜粲于素阶。鸡敛翅而未鸣，笛流远以清哀。始妙密以闲和[3]，终寥亮而藏摧[4]。意夫人之在兹[5]，托行云以送怀[6]。行云逝而

译文

这时候繁星满窗，北风凉飕飕地吹过，我辗转反侧，难以入睡，千思万虑在心中徘徊。干脆起来穿上衣服等待天明，浓霜耀眼闪烁于白色的阶台。雄鸡收拢双翅不肯啼鸣，清怨的笛声从远处传来。开始笛声美妙而柔和，后来变得高亢而悲哀。我猜想美人就在这里，拜托行云传递我思慕的情怀。行云飘飘而逝默默无语，时光匆匆而去真是无奈。

徒然苦苦相思独自难过，我与她终竟是

无语,时奄冉而就过[7]。 徒勤思以自悲[8],终阻山而带河[9]。迎清风以祛累[10],寄弱志于归波[11]。尤《蔓草》之为会[12],诵《邵南》之余歌[13]。坦万虑以存诚[14],憩遥情于八遐。	阻隔着山河。迎着清风消除心头的劳累,把寸寸柔肠付与东逝的江波。我不赞成《诗经·野有蔓草》中所描写的男女私会,《诗经·召南》里男女遵循礼法的古诗却应放声高歌。平息杂念以存诚心,且让远去的情思收敛在自己的心窝。

注释

1 **毕昴**(mǎo):两星宿名。

2 **惘惘**:形容内心不安。

3 **妙密**:美妙而细腻。

4 **藏摧**:即摧藏,凄怆动人。

5 **夫人**:那人,指所思慕的那个女子。

6 **送怀**:传递思慕之情。

7 **奄冉**:渐渐地,慢慢地。

8 **勤思**:苦苦相思。

9 **阻山而带河**:为山河阻滞。

10 **祛**(qū)**累**:消除疲累。

11 **弱志**:少时志向。 **归波**:付之东流。

12 **尤**:责怪,埋怨。 **蔓草**:指《诗经·郑风》中《野有蔓草》诗,写男女幽会的事。

13 **邵南**:即《召南》,《诗经》"国风"中的一组诗,多是赞美合乎礼法的男女爱情诗。

14 **坦**:平息。

晋故征西大将军长史孟府君传[1]

原文

君讳嘉[2]，字万年，江夏鄂人也[3]。曾祖父宗，以孝行称，仕吴司空。祖父揖，元康中为庐陵太守[4]。宗葬武昌新阳县，子孙家焉，遂为县人也。君少失父，奉母二弟居。娶大司马长沙桓公陶侃第十女[5]，闺门孝友，人无能间，乡闾称之。冲默有远量，弱冠，俦类咸敬之。同郡郭逊，以清操知名，时在君右[6]，常叹君温雅平旷，自以为不及。逊从弟立，亦有才志，与君同时齐誉，每推服焉。由是名冠州里，声流京邑。

译文

孟府君名嘉，字万年，江夏鄂县人。曾祖父名宗，以能尽孝道著称，在吴司马幕下为官。祖父名揖，晋惠帝元康年间任庐陵太守。曾祖父死后葬于武昌新阳县，子孙后代就在这里安家落户，于是成为此县人氏。府君年少丧父，侍奉母亲，带着两个弟弟一起生活。后来聚了大司马长沙郡公陶侃的第十个女儿为妻。闺门之中，都能遵守孝道，互敬互爱，他人无法从中挑拨是非。乡间邻里，无不称赞。府君为人闲静，又很有气度，成年以后，同辈人都很敬服他。同郡的郭逊，因具有清高的德行而知名，当时名气比府君还大，但也常常赞叹府君温文尔雅、平和谦虚，自认为不及。郭逊的从弟郭立，也很有才志，与府君名气相同，却每每推崇叹服府君的品德。因此府君名冠一州，声闻于京师。

注释

1 **故:**亡故。 **征西大将军:**指桓温。温字元子，谯国龙亢(今安徽怀远西北)

人，晋明帝时封为征西大将军。 **长史**：官名，将军的属官。 **府君**：汉、晋时对太守的称呼，也用来称呼先祖先父。孟嘉是陶渊明的外祖父，《晋书》有传。

2 **讳**：避讳。古人称死者的名字要说"讳某"。

3 **江夏**：郡名，治所在今湖北安陆市。 **鄂**：江夏郡下属的县名。

4 **元康**：晋惠帝年号(291—299)。 **庐陵**：郡名，治所在今江西吉水县东北。

5 **陶侃**：字士行，晋明帝时因武功显赫，封长沙郡公。死后，晋成帝下诏，进位大司马，谥曰"桓"。

6 **右**：上。古代以右为上。

原文

太尉颍川庾亮[1]，以帝舅民望，受分陕之重[2]，镇武昌，并领江州，辟君部庐陵从事[3]。下郡还，亮引见，问风俗得失，对曰："嘉不知，还传当问从吏[4]。"亮以麈尾掩口而笑[5]。诸从事既去，唤弟翼语之曰："孟嘉故是盛德人也。"君既辞出外，自除吏名，便步归家。母在堂，兄弟共相欢乐，怡怡如也。旬有余日，更版为劝学从事[6]。时亮崇修学校，高选儒官，以君望实，故应尚德之举。

译文

颍川人太尉庾亮，因为是国舅，在民众中很有声望，被皇上委以重任，镇守武昌，并统领江州等地军务。他征召府君出任庐陵郡从事。府君从郡中归来时，庾亮命人接来相见，问起当地的风俗得失，府君回答说："我不知道，回报情况应当传问随员。"庾亮听了，禁不住用麈尾掩着口笑起来。待各位从事都走了以后，庾亮把兄弟庾翼找来，说："孟嘉真是一个很有德行的人啊！"府君辞别庾亮外出之后，自行免去从事之名，徒步回到家中。母亲健在，兄弟之间，相处欢乐，过得非常愉快。十多天以后，庾亮改授府君劝学从事的职务。当时庾亮重视兴办学校，以高标准选拔儒官，由于府君既有名望，又有实际才干，所以正适合担任这一崇尚道德修养的职务。

注释

1 **庾亮：**字元规，颍川人。晋明帝庾皇后之兄。晋成帝年幼即位，庾亮以国舅的身份当政，官至司空，死后追赠太尉。

2 **分陕之重：**陕，地名，今河南三门峡市陕州区。周成王时，周公旦和召公奭分陕而治，周公治陕之东，召公治陕之西。后世因称两大臣共佐王室为“分陕重任”。庾亮以征西将军，领江、荆、豫三州刺史，总督江、荆、豫、益、梁、雍六州军务，镇武昌，与王导共辅晋室，故说“受分陕之重”。

3 **辟：**征聘。 **部：**担任。 **从事：**官名。

4 **还传：**回来报告。

5 **麈：**兽名，鹿类。以麈尾做成的拂尘叫麈尾，当时名士多喜持在手中。

6 **版：**授职。 **劝学从事：**官名。

原文

太傅河南褚裒[1]，简穆有器识，时为豫章太守，出朝宗亮[2]。正旦，大会州府人士，率多时彦，君坐次甚远。裒问亮：“江州有孟嘉，其人何在？”亮云：“在坐，卿但自觅。”裒历观，遂指君谓亮曰：“将无是耶？”亮欣然而笑，喜裒之得君，奇君为裒之所得，乃益器焉。

举秀才，又为安西将军庾翼府功曹，再为江州别驾、巴丘令、征西大将军谯国桓温参军。

译文

太傅褚裒，为人朴实和蔼，很能识别人才，当时任豫章太守，外出拜见庾亮。元旦那天，他们隆重地会见州府各方人士，大都是当时的名流。府君坐的位置离前排较远，褚裒问庾亮：“听说江州有个孟嘉，此人现在何处？”庾亮回答说：“就坐在此间，您只管自己找找看。”褚裒遍视诸人，便指着府君对庾亮说：“难道不是这位吗？”庾亮高兴地笑了，既欣喜褚裒能识别府君，又对府君一下便能被褚裒认出来感到难得，于是对府君倍加器重。

这以后，府君被举荐为秀才，还担任了安西将军庾翼幕府的功曹，并历任江州别驾、巴丘县令、征西大将军桓温的参军。

注释

1 **褚裒**:字季野,河南人。曾为豫章太守,死后追赠侍中太傅。《晋书》有传。

2 **出朝宗亮**:指离开豫章去拜见庾亮。庾亮的职位比褚裒高,所以这么说。

原文

君色和而正,温甚重之。九月九日,温游龙山[1],参佐毕集[2],四弟二甥咸在坐。时佐吏并著戎服,有风吹君帽堕落,温目左右及宾客勿言,以观其举止。君初不自觉,良久如厕,温命取以还之。廷尉太原孙盛为谘议参军[3],时在坐,温命纸笔,令嘲之。文成示温,温以著坐处。君归,见嘲笑而请笔作答,了不容思,文辞超卓,四座叹之。

奉使京师,除尚书删定郎[4],不拜。孝宗穆皇帝闻其名[5],赐见东堂,君辞以脚疾,不任拜起,诏使人扶入。

译文

府君为人一贯颜色温和,态度正派,桓温极为看重。九月九日重阳节,桓温游观龙山,参军、佐吏全都来了,他的四个弟弟和两个外甥也都在座。当时所有的佐吏都身着戎装。忽然间一股风刮来,将府君的帽子吹落。桓温以眼色示意左右和宾客不要出声,想观察府君的举止。府君开始没有察觉,过了好一阵去上厕所,桓温才命人拿帽子还给他。太原孙盛当时任谘议参军,此刻也在座。桓温命人拿来纸笔,要他写文章嘲笑府君。文章写好以后,交给桓温,桓温命人把它放在府君的座位上。府君上完厕所回到原处,看见嘲笑他的文字,便请求给他纸笔,只见他不假思索,很快写成一篇文辞出类拔萃的答文,四座为之叹服不已。

不久府君奉命出使京师,被授予尚书删定郎的官职,府君辞谢不受。孝宗皇帝听说府君的名声,赐以在宫内东堂接见他的荣耀。府君以腿脚有疾为由委婉推辞,说是不便于跪拜。孝宗皇帝便下诏使人扶着他入宫。

注释

1 **龙山**:在今湖北省荆州市江陵县西北。

2 **参佐:**参军和佐吏。

3 **孙盛:**字安国,太原人,当时著名文士。著有《魏氏春秋》《晋阳秋》等书。

4 **除:**授职。 **尚书删定郎:**官名。

5 **孝宗穆皇帝:**晋穆帝司马聃,孝宗为其庙号。

原文

君尝为刺史谢永别驾。永,会稽人,丧亡,君求赴义[1],路由永兴。高阳许询,有隽才,辞荣不仕,每纵心独往,客居县界,尝乘船近行,适逢君过,叹曰:"都邑美士,吾尽识之,独不识此人!唯闻中州有孟嘉者,将非是乎?然亦何由来此?"使问君之从者。君谓其使曰:"本心相过,今先赴义,寻还就君。"及归,遂止信宿[2]。雅相知得,有若旧交。

还至,转从事中郎,俄迁长史。在朝隤然[3],仗正顺而已。门无杂宾,尝会神情独得,便超然命驾,径之龙山,顾景酣宴,造夕乃归。温从容谓君曰:"人不可无势,我乃能

译文

府君曾经担任过刺史谢永的别驾。谢永是会稽人,逝世后,府君要求去吊丧,路经永兴县。高阳人许询,很有才气,不求显耀,不愿为官,每每纵情傲物,独来独往,当时正旅居永兴县中。他乘船在近处游览,正逢府君经过,便赞叹说:"京都名士,我全认识,独独不认识此人!只听得说中州有个叫孟嘉的人物,莫不是这位吗?然而他为什么来到这里呢?"叹罢,又使人询问府君的随从。府君对来人说:"本想拜访许君,但现在我要去吊丧,不久即回来相见。"及至吊丧归来,便在许询处连住两晚,二人雅趣相投,互得知心,有如老朋友。

府君回到任所以后,转任从事中郎,不久又升任长史。在各种职位上都很随顺,正是靠着他正派温恭的作风啊。家中从无闲杂的宾客。每遇心中独有所得,便痛痛快快地命人驾上车子,直往龙山,四顾美景,尽情饮宴,直到傍晚才归来。桓温曾经从容地对府君说:"一个人不能没有权势,正是因为我有了权势,所以才能驾驭你

驾御卿。”后以疾终于家，年五十一。

啊！”后府君因病逝世于家中，享年五十一岁。

注释

1 **赴义：**指吊丧。

2 **信宿：**再宿，即住了两晚。

3 **隤然：**随顺的样子。

原文

始自总发[1]，至于知命[2]，行不苟合，言无夸矜，未尝有喜愠之容。好酣饮，逾多不乱，至于任怀得意，融然远寄，傍若无人。温尝问君：“酒有何好，而卿嗜之？”君笑而答曰：“明公但不得酒中趣尔！”又问听妓，丝不如竹，竹不如肉[3]，答曰：“渐近自然。”中散大夫桂阳罗含赋之曰[4]：“孟生善酣，不愆其意[5]。”光禄大夫南阳刘耽[6]，昔与君同在温府，渊明从父太常夔尝问耽[7]：“君若在，当已作公不[8]？”答曰：“此本是三司人。”为时所重如此。

译文

府君从童年时代起，直到年过五十，一贯行为端正，从不苟且随便，说话绝不夸夸其谈，露出骄矜之色，也未尝因个人的失意或升迁而显出喜怒的神情。饮酒是他的嗜好，过量也不失态，有时以至于纵情得意，快然遐想，旁若无人。桓温曾经问他：“饮酒有什么好处？你竟如此喜爱？”府君笑着回答说：“您只是不曾体味过酒中的乐趣啊！”桓温又问，为何弦乐不如管乐好听，管乐又不如人的演唱好听？府君回答说：“这是因为三者一种比一种更接近于自然之音。”中散大夫罗含听说此事，有这样两句评语：“孟生善于酣饮，但醉中仍心里明白。”光禄大夫刘耽，从前曾与府君同在桓温手下供职。我的叔父曾经问刘耽：“孟嘉倘若活到现在，应该已经担任三公一类的要职了吧？”刘耽说：“他本来就是三公一类的人物啊！”这就是府君被当世推重的大致情况。

注释

1 **总发**:童年时代。古代儿童把头发梳成辫子盘在头上,故称。

2 **知命**:五十岁。《论语·为政》:“五十而知天命。”

3 **丝不如竹,竹不如肉**:意思是说弦乐不如管乐好听,管乐又不如人的歌声好听。丝,弦乐器。竹,管乐器。肉,人演唱歌曲。

4 **罗含**:字君章,湖南耒阳人。曾任州主簿、廷尉和长沙相。桓温重其才,任为征西户曹参军。

5 **不愆其意**:谓酒醉仍心中明白,不说错话。

6 **刘耽**:字敬道,河南南阳人,桓温之子桓玄的岳父。

7 **从父**:伯父或叔父。 **太常**:官名。 **夔**:指陶夔,陶渊明的叔父。

8 **公**:指三公一类的官。

原文

渊明先亲[1],君之第四女也。《凯风》“寒泉”之思[2],实钟厥心。谨按采行事,撰为此传。惧或乖谬,有亏大雅君子之德,所以战战兢兢,若履深薄云尔[3]。

赞曰:孔子称进德修业[4],以及时也。君清蹈衡门[5],则令闻孔昭[6];振缨公朝[7],则德音允集。道悠运促,不终远业,惜哉!仁者必寿,岂斯言之谬乎?

译文

我的母亲是府君的第四个女儿,《诗经》中《凯风》一篇所说的思母之情,时常萦绕心头。我现在谨慎地收集了府君的生平事迹,写成这一篇传记,恐怕有的事实存在错误,有损于大雅君子的德行,所以内心惴惴不安,如临深渊,如履薄冰。

我对府君的赞语如下:孔子讲培养德行,进修学业,用以跟上时世。府君在家闲居,则美名昭著;在朝为官,则赞语交集。天道悠悠,人生短暂,他终未能完成远大的功业,令人痛惜!孔子说仁爱的人必然长寿,难道这句话是错误的吗?

注释

1 **先亲**:旧时称去世了的母亲。

2 **《凯风》“寒泉”之思**：指对母亲的怀念。《诗经·邶风·凯风》：“爰有寒泉，在浚之下。有子七人，母氏劳苦。”意思是说，寒泉能够浸润浚（卫国地名）的土地，母亲有七个儿子，却更加劳苦。

3 **战战兢兢，若履深薄**：意谓小心谨慎从事。深薄，深渊薄冰。《诗经·小雅·小旻》：“战战兢兢，如临深渊，如履薄冰。”

4 **进德修业**：增养德性，进修学业。《周易·文言》：“君子进德修业。”《文言》相传为孔子所作。

5 **清蹈衡门**：指在家闲居。衡门，横木为门，指居处简陋。

6 **令闻**：美好的名声。 **孔昭**：极为显著。

7 **振缨**：振动冠上的缨带，指做官。

感士不遇赋

原文

昔董仲舒作《士不遇赋》[1]，司马子长又为之[2]。余尝以三余之日[3]，讲习之暇，读其文，慨然惆怅。夫履信思顺[4]，生人之善行[5]；抱朴守静[6]，君子之笃素。自真风告逝，大伪斯兴，闾阎懈廉退之节[7]，市朝驱易进之心[8]。怀正志道之士，或潜玉于当年[9]；洁己

译文

从前董仲舒作《士不遇赋》，司马迁又作《悲士不遇赋》。我曾经在闲暇的日子里，在学习经文正课的间隙，读了他们的文章，不禁感慨惆怅。遵信守义，尽忠尽孝，这是人们的美德；胸怀纯朴，保持贞静，这是君子淳厚的素质。自从纯朴的古代风气消逝之后，虚伪欺诈的风气就盛行起来。平民百姓不大遵守廉洁谦让的节操，而仕宦商贾则一心去争名夺利。怀抱正义有志于治世之道的人，有的在壮年即

清操之人，或没世以徒勤[10]。故夷皓有“安归”之叹[11]，三闾发“已矣”之哀[12]。悲夫！寓形百年，而瞬息已尽，立行之难，而一城莫赏[13]。此古人所以染翰慷慨，屡伸而不能已者也。夫导达意气，其惟文乎！抚卷踌躇，遂感而赋之。

隐居山林；洁身自好、品行廉洁的人，有的终生白白勤劳。所以伯夷兄弟和“商山四皓”都有人生不知往何处去的感叹，三闾大夫屈原也发出了无可奈何的悲号。可悲啊！人生百年，一瞬间就过去了，建立功业是那么艰难，却得不到应有的封赏。这就是古人一提起笔来就激昂慷慨，一谈论起来就不能自已的原因。至于抒发感情，大概只有靠文章吧！我抚摸书卷反复深思，于是有感而作此赋。

注释

1 **董仲舒：**西汉哲学家，今文经学大师，著有《春秋繁露》。所作《士不遇赋》，见《古文苑》。

2 **司马子长：**司马迁，字子长，西汉著名史学家和文学家。著有《史记》。所作《悲士不遇赋》，见《艺文类聚》卷三十。

3 **三余之日：**指闲暇的读书时间。古人读书常用三余，有人问三余之意，三国时魏国的董遇说：“冬者，岁之余；夜者，日之余；阴雨者，时之余也。”见《三国志·魏志》。

4 **履信：**守信用。 **思顺：**讲忠孝。

5 **生人：**即生民，人民。

6 **抱朴守静：**怀着纯朴的心情，保持品德方正。

7 **闾阎：**里巷，指民间。 **廉退：**廉洁谦让。

8 **市朝：**指朝廷。 **易进：**钻营竞取。

9 **潜玉：**收藏起来的玉，指隐居不做官的人。 **当年：**壮年。

10 **没世：**终生。 **徒勤：**徒劳。

11 **夷：**指伯夷。 **皓：**指“商山四皓”。伯夷、叔齐隐于首阳山，曾作歌曰：“神农虞夏忽焉没兮，我将安适归矣？”商山四皓也曾作歌：“唐虞世远，吾将何归?”事见《史记》与《高士传》。

12 **三闾:**指屈原,其曾任楚国三闾大夫。屈原在《离骚》的结尾说:“已矣哉!国无人莫我知兮,又何怀乎故都!”

13 **一城:**指封土赐侯的赏赐。

原文

咨大块之受气[1],何斯人之独灵?禀神智以藏照,秉三五而垂名[2]。或击壤以自欢[3],或大济于苍生。靡潜跃之非分,常傲然以称情。

世流浪而遂徂[4],物群分以相形。密网裁而鱼骇,宏罗制而鸟惊。彼达人之善觉,乃逃禄而归耕。山嶷嶷而怀影[5],川汪汪而藏声。望轩唐而永叹[6],甘贫贱以辞荣。淳源汩以长分,美恶作以异途。原百行之攸贵[7],莫为善之可娱。奉上天之成命,师圣人之遗书。发忠孝于君亲,生信义于乡闾。推诚心而获显,不矫然而祈誉。

译文

大自然万物都得到精气的抚育,为什么人为万物之灵?禀受着神奇的智慧和蕴藏的聪明,凭借着“三才”的道理、“五常”的品德而身后扬名。或是过着击壤而歌自娱自乐的生活,或是出来做官干一番事业有益于万民。不论是隐居还是出仕,都高傲自得,如意称心。

上古淳朴的民风,随着时代的远去而逝去,人类有了高低贵贱之分。统治者采取高压政策对待百姓,就像编织密网打鱼使鱼儿害怕,又像制成大罗网捕鸟使鸟儿心惊。只有那些贤人善于审时度势,于是便逃避仕禄而回家躬耕。高高的山岭总有达人的身影,深深的流水藏着达人的清音。向往轩辕、唐尧之世而长叹不息,甘居贫贱而辞去富贵前程。水源至清,而流到远处就分出清浊,社会发展,好坏善恶也相背而行。推究起来,种种行为中最为可贵的,只有做善事最使人高兴。奉行上天既定的成命,学习圣人遗留下来的宏文。在君主和父母前发扬忠孝,在邻里之间讲求诚信。以诚实的胸怀求取荣耀,不虚情假意追慕声名。

注释

1 **大块:**宇宙、自然。

2 **三五:**三才五常。三才,指天、地、人。五常,指仁、义、礼、智、信。

3 **击壤:**古代的一种游戏。壤是一种鞋形的木块,做游戏时先丢一壤在三四十步远的地上,然后用手中的壤去击它,击中了就算胜利。《帝王世纪》载:"帝尧陶唐氏……天下大和,百姓无事,有八十老人击壤于道。"

4 **流浪:**流逝,消逝。

5 **嶷嶷:**高峻的样子。

6 **轩唐:**轩辕,唐尧。

7 **原:**推原,推究本原。

原文

嗟乎!雷同毁异,物恶其上,妙算者谓迷,直道者云妄。坦至公而无猜,卒蒙耻以受谤。虽怀琼而握兰[1],徒芳洁而谁亮[2]!哀哉!士之不遇,已不在炎帝帝魁之世[3]。独祗修以自勤[4],岂三省之或废[5]!庶进德以及时,时既至而不惠[6]。无爰生之晤言[7],念张季之终蔽[8]。悯冯叟于郎署[9],赖魏守以纳计[10]。虽仅然于必知[11],亦苦心而旷岁。

译文

唉!人们常常是人云亦云地诋诽异己,又总是嫉妒胜过自己的旁人,深谋远虑者,则说他昏愦,耿直守道者,则说他狂横。胸怀坦荡、正直公平而不好猜忌者,到头来蒙受耻辱而遭到讥评。我空有琼玉和兰草那样的美德,芳香贞洁又有谁能相信!真是可悲呀!士人生不逢时,如今早已不是神农、帝魁时代的世情。独自谨慎修养,勤勉不息,不要忘记每日三省自身。只希望能提升品德赶上机遇,但机遇来了又总不顺心。如果不是爰盎在皇帝面前极力推荐,料想那张季肯定要埋没终身。可怜冯唐老了还只担任郎中署长这样的小官,后来凭借魏尚的事向皇帝献策才得以迁升。虽然他们大概也曾料知必然被用,但在漫长的岁月里却煞费苦心。

注释

1 **琼**:美玉,喻贞洁。 **兰**:兰草,喻芳香。

2 **亮**:相信,理解。

3 **炎帝**:神农氏。 **帝魁**:神农氏的后人,这里是指传说中上古治世的君主。

4 **祇(zhī)修**:谨慎地修养。

5 **三省(xǐng)**:多次自我反省。"吾日三省吾身",语出《论语·学而》。

6 **不惠**:不顺。

7 **爰生**:即爰盎,汉文帝时为中郎将。 **晤言**:当面讲话。

8 **张季**:张释之,字季。 **蔽**:埋没。据《汉书》载,张释之任骑郎(管理宫廷马匹的小官),十年没有升迁。袁盎当面向汉文帝讲了这件事,汉文帝才任张释之为谒者仆射(为皇帝掌管传达的长官)。

9 **冯叟**:冯唐,西汉人。多年任郎中署长,老而不用。

10 **魏守**:魏尚。汉文帝时,匈奴进犯,文帝问冯唐如何可得良将。冯唐说,汉朝的制度赏轻罚重,有良将也不能用,如云中太守魏尚抗击匈奴有功,只因为报告战绩时稍有差错,就被降级治罪,这是不公平的。文帝采纳冯唐的意见,就派冯唐持节去赦免魏尚,恢复他云中太守之职。冯唐也被提升为车骑都尉。

11 **仅然**:相近,庶几,大概。

原文

审夫市之无虎,眩三夫之献说[1]。悼贾傅之秀朗,纡远辔于促界[2];悲董相之渊致,屡乘危而幸济[3]。感哲人之无偶,泪淋浪以洒袂。承前王之清诲,曰天道之无亲。

译文

街市中本来绝对不会有老虎,但接连三人都说街上有虎,人们就迷惑不解而信以为真。可惜贾谊英年博学却大材小用,就像千里马局促一隅而无法驰骋。可叹董仲舒学识渊博,多次临危履险,而得以平安无事,真是万幸。每当想起这些举世无双的古代贤哲,我就禁不住泪水潸潸而洒满衣襟。承蒙前代帝王的教诲,说是天道无私,上天只用一个标

澄得一以作鉴[4],恒辅善而佑仁。夷投老以长饥,回早夭而又贫。伤请车以备椁[5],悲茹薇而殒身[6]。虽好学与行义,何死生之苦辛!疑报德之若兹,惧斯言之虚陈。何旷世之无才,罕无路之不涩。伊古人之慷慨,病奇名之不立。广结发以从政,不愧赏于万邑。屈雄志于戚竖,竟尺土之莫及。留诚信于身后,动众人之悲泣[7]。商尽规以拯弊,言始顺而患入[8]。奚良辰之易倾,胡害胜其乃急!	准来鉴别事物,常常保佑从善为仁的好人。伯夷直到老年仍常常忍饥挨饿,颜回短命而又贫穷。令人伤感的是颜回死后竟需要卖掉老师的车子来准备棺椁,令人哀悼的是伯夷兄弟在首阳山采薇而食,活活送了性命。虽然颜回好学,伯夷行义,为什么他们活着和死去都是那样的凄苦和悲辛!我怀疑所谓报德竟是这样的结局,更恐天道无私的话虚假而不足为训。哪里是旷绝一世没有人才,而是世道坎坷,艰险难行。难怪古人那样慷慨不已,原是忧虑不能树立自己的美名。李广从少年时就从军征战,即使封他为万户侯也毫不过分。英雄壮志为贵戚所压抑,结果是一城莫赏,寸土未封。他留下忠诚信义在死后传颂,人们为他的遭遇痛哭伤心。王商多方规划去拯救时弊,建议刚被皇帝采纳而祸患随即降临。为什么美好的时辰那样容易过去!为什么谗害贤良者竟这样迫不及待,毫不留情!

注释

1 **"审夫"二句:**《战国策·魏策》:"夫市之无虎明矣,然而三人言而成虎。"

2 **"悼贾傅"二句:**贾傅,指贾谊,汉初杰出的政治家、政论家。汉文帝时任太中大夫,为周勃等老臣所嫉害,贬为长沙王太傅,三十三岁就死了。纡,曲。远辔,代指良马。促界,狭小的区域。

3 **"悲董相"二句:**董相,董仲舒,汉代经学太师,曾相江都王和胶西王。这两人都很骄横,但董仲舒仍敢多次上疏谏争,受到二人的敬重。因恐日后获罪,才告病辞归。所以说他"屡乘危而幸济"。

4 **澄**:清,指天。《老子》:"天得一以清。" **鉴**:监视,观察。全句谓上天以统一的标准看待事物。

5 **椁**:外棺。颜回家贫,死后没有钱买棺材,他父亲颜路请求卖掉孔子的车子去买棺材。事见《论语·先进》。

6 **茹薇而殒身**:指伯夷、叔齐在首阳山采薇而食,后竟饿死的事。

7 **"广结发"以下六句**:广,指李广。戚竖,指卫青。尺土,指极少的封地。李广在汉文帝、景帝时,以"良家子从军击胡",多立战功,匈奴称他为"飞将军"。汉文帝曾对李广说:"惜乎!子不遇时。如令子当高帝时,万户侯岂足道哉!"汉武帝时,征匈奴者尽封侯,而李广不得封。后随外戚大将军卫青抗击匈奴,因迷了路,卫青责罚他。李广说:"广结发与匈奴大小七十余战,今幸从大将军出接单于兵,而大将军又徙广部行回远,而又迷失道,岂非天哉!"遂引刀自刎。广一军皆哭。百姓闻之,老少为之痛泣。事见《史记·李将军列传》。

8 **"商尽规"二句**:商,王商。汉成帝时,王商为改革弊政而出谋划策,建议多被采纳,受到成帝信赖,任丞相。而大将军王凤、大中大夫张匡等人嫉恨他,上书谗害。其被罢相,后病死。

原文

苍昊遐缅,人事无已,有感有昧,畴测其理!宁固穷以济意,不委曲而累己。既轩冕之非荣,岂缊袍之为耻!诚谬会以取拙[1],且欣然而归止。拥孤襟以毕岁,谢良价于朝市[2]。

译文

苍天悠悠,人事变化无穷。有的事可以理解,有的事则令人迷惑,有谁能把其中的道理弄清!我宁愿固守贫穷以实现自己的理想,不愿低声下气而劳累身心。既然不把高官厚禄看成是什么荣耀,难道穿破旧衣服就感到耻辱在身!如果误入仕途只得到一个拙劣的结局,那就姑且高高兴兴地弃官归隐。怀抱孤傲的情怀而终此一世,绝不谋求高价卖身于朝廷。

注释

1 **谬会：**谬合，指误入仕途。

2 **朝市：**这里指朝廷。

归去来兮辞[1]

原文

余家贫，耕植不足以自给。幼稚盈室，瓶无储粟，生生所资[2]，未见其术。亲故多劝余为长吏[3]，脱然有怀[4]，求之靡途。会有四方之事[5]，诸侯以惠爱为德[6]，家叔以余贫苦[7]，遂见用于小邑。于时风波未静，心惮远役。彭泽去家百里[8]，公田之利，足以为酒，故便求之。及少日，眷然有归欤之情。何则？质性自然，非矫厉所得[9]，饥冻虽切，违己交病[10]。尝从人事，皆口腹自役。于是怅然

译文

我家贫穷，光靠种地还难以维持生活。满屋幼小，米缸里没有存粮，自己又缺乏谋生的手段和本领。亲戚朋友多劝我去做官，听了以后心里还是有所考虑，但找不到谋求的门路。这时恰好国家有事，州郡长官以施爱于人为美德，叔父见我贫苦又加以举荐，于是我被委派到一个小县任职。当时，战事的风波尚未平息，我害怕到远离家乡的地方供职。彭泽离家仅有百里路程，俸田收获的谷物足够酿酒的了，所以就谋求做这个小官。可是到任不久，就有了辞官归家的想法。这又是为什么呢？因为我天性质朴，不喜束缚，做官的事，不好勉强去干。虽然饥寒交迫，但违背自己的心愿却是十分痛苦的。我曾经做过官，但都是为了嘴巴和肚子才役使自己的。为此我心情很不平静，深深地感到有愧于平生的志向。即使是这样，我还是希

慷慨，深愧平生之志。犹望一稔[11]，当敛裳宵逝。寻程氏妹丧于武昌[12]，情在骏奔，自免去职。仲秋至冬，在官八十余日。因事顺心，命篇曰《归去来兮》。乙巳岁十一月也[13]。

望等秋收之后，再收拾行装连夜离开。不久，我那嫁给程氏的妹妹在武昌死了，心中急于奔丧，便自动免去官职。从八月到冬天，在任共八十多天。因为辞官的事了却了自己的心愿，便写了这篇《归去来兮》。时为晋安帝义熙元年十一月。

注释

1 **来，兮：**都是叹词，表示兴奋喜悦。

2 **生生：**维持生计。前一“生”字为动词，后一“生”字为名词。

3 **长吏：**这里指职位较高的县吏。

4 **脱然：**犹豁然，喜悦、舒畅的样子。 **怀：**念头，想法。

5 **四方之事：**国家大事，指东晋末年的军阀混战。一说指这年三月陶渊明为建威参军出使京都事。

6 **诸侯：**指掌握军政实权的地方长官。

7 **家叔：**指陶夔，当时任太常。

8 **彭泽：**县名，在今江西省湖口县东。

9 **矫厉：**勉强，造作。

10 **交病：**指身心都很痛苦。

11 **一稔（rěn）：**谷物成熟叫稔。一稔，收获一次，即一年。

12 **程氏妹：**陶渊明的胞妹。

13 **乙巳：**即晋安帝义熙元年（405）。然辞涉春耕，全文当写成于次年。

原文

归去来兮，田园将芜胡不归？既自以心为形役，奚惆怅而独悲！悟已往之不谏，知来者之

译文

回到家乡去吧，田园即将荒芜，我为什么不把家归？既然违背自己的心愿而出来做官，那又何必郁闷而独自伤悲！觉悟到过去的一切已不能挽救，但也知道未

可追[1]。实迷途其未远，觉今是而昨非。舟摇摇以轻飏，风飘飘而吹衣。问征夫以前路，恨晨光之熹微。

乃瞻衡宇，载欣载奔。僮仆欢迎，稚子候门。三径就荒[2]，松菊犹存。携幼入室，有酒盈樽。引壶觞以自酌，眄庭柯以怡颜[3]。倚南窗以寄傲，审容膝之易安[4]。园日涉以成趣，门虽设而常关。策扶老以流憩[5]，时矫首而遐观。云无心以出岫，鸟倦飞而知还。景翳翳以将入，抚孤松而盘桓。

来的日子还可急起直追。我的确曾误入迷途，好在不远，深深感到我的所作所为今是昨非。摇晃晃的船儿在水面上轻快地行驶，轻飘飘的风儿吹动着衣带。向行人打听还有多少路程，只恨天亮太迟晨光微微。

终于望见了自己的旧居，怀着高兴的心情一阵飞奔。小僮和仆人早已出来迎接，幼小的儿子守候在前门。庭中的小径满是杂草，只有那松菊尚存。携着孩子们进入室内，只见酒已倒在杯中。拿起酒壶自饮自酌，悠闲地望着庭树喜不自禁。闲倚南窗心怀傲世之意，只觉得身居斗室也该感到称心。每日里到园中散散步多么有趣，庭院虽有大门却整天关得很紧。拄着手杖到处游玩休息，不时翘首远观万景。浮云随意地从山峦中飘出，鸟儿飞倦了也知道返回山林。夕阳西下天空渐渐昏暗，我犹自手抚孤松徘徊不停。

注释

1 **“悟已往”二句：**语出《论语·微子》：“楚狂接舆歌而过孔子曰：‘凤兮，凤兮！何德之衰！往者不可谏，来者犹可追。已而，已而！今之从政者殆而！’”谏，止，纠正，挽救。

2 **三径：**庭院内的小路。《文选》李善注引《三辅决录》说，汉蒋诩隐居时，于舍前竹下开辟了三条小路，只与隐姓埋名的求仲、羊仲两人往来。后人遂以三径作为隐者居处的代称。

3 **眄：**闲视。

4 **审：**明白，深知。 **容膝：**仅能容纳双膝的小屋。

5 **扶老**：本为竹名，因可用作手杖，故称手杖为“扶老”。

原文

归去来兮，请息交以绝游。世与我而相违，复驾言兮焉求[1]！悦亲戚之情话[2]，乐琴书以消忧。农人告余以春及，将有事于西畴。或命巾车[3]，或棹孤舟，既窈窕以寻壑，亦崎岖而经丘。木欣欣以向荣，泉涓涓而始流。善万物之得时，感吾生之行休。

已矣乎！寓形宇内复几时，曷不委心任去留，胡为乎遑遑欲何之？富贵非吾愿，帝乡不可期[4]。怀良辰以孤往，或植杖而耘耔。登东皋以舒啸，临清流而赋诗。聊乘化以归尽[5]，乐夫天命复奚疑！

译文

回到家乡去吧，让我断绝与世俗的交游。世道与我的本性如此不合，我还驾车奔走有什么可以追求！与亲人们说一说知心话无限快意，或弹清琴或诵诗书都可以消去忧愁。农夫告知我春天已经来到，要到西边的田地里忙个不休。有时驾上搭有布篷的车子，有时轻轻地荡起一叶小舟，去探寻那弯弯曲曲的溪壑，还经过那高高低低的山丘。树木欣欣向荣枝青叶绿，泉水潺潺湲湲长流。我羡慕世间万物各得天时，却感慨自己的生命行将结束。

罢了罢了！我寄身天地之间还能有多久，何不随心所欲任其去留？为什么终日遑遑不安，究竟还能往何处远走？荣华富贵不是我的愿望，那渺茫的仙境更不敢希求。只向往在晴和的日子里独自游玩，有时候还可以放下手杖除草培土。登上水边的高地放声长啸，面对清澈的水流赋诗数首。聊且随着自然的变化了结一生，乐天安命还有什么怀疑的理由！

注释

1 **驾言**：代指出游。驾，驾车。言，语助词，无义。《诗经·邶风·泉水》：“驾言出游，以写我忧。”

2 **情话**：知心话。

3 **巾车:**有布篷的车子。

4 **帝乡:**仙界。

5 **乘化:**顺应大自然的运转变化。 **尽:**指死亡。

祭程氏妹文[1]

原文

维晋义熙三年五月甲辰[2],程氏妹服制再周[3]。渊明以少牢之奠[4],俯而酹之。呜呼哀哉!

寒往暑来,日月寖疏[5]。梁尘委积,庭草荒芜。寥寥空室,哀哀遗孤。肴觞虚奠,人逝焉如!

谁无兄弟,人亦同生,嗟我与尔,特百常情[6]。慈妣早世,时尚孺婴。我年二六,尔才九龄。爰从靡识[7],抚髫相成[8]。咨尔令妹[9],有德有操。靖恭鲜言,

译文

晋义熙三年五月六日,程氏妹离开人世已经十八个月了。我以羊、猪二牲向你祭奠,俯首致礼,浇酒于地。啊!我怀着无限的悲思!

冬去夏来,岁月悠悠。梁上的灰尘早已积满,庭院里杂草遍布,何等荒芜。只留下那空荡寂寥的房屋,还有那幼小可怜的遗孤。我徒然用酒菜前来祭奠,亡者却不知今在何处!

谁无兄弟姐妹,谁无手足同生!唉!你我兄妹之间,有着与众不同的百倍深情。慈祥的庶母过早地去世,那时我们还像是不懂事的孩婴。我十二岁刚满,你才只有九岁的年龄。自从无知无识的童年开始,我们就互相爱护,互相关心。啊!贤良的妹妹,你具有优良的品德,又坚持美好的操守。娴静谦恭,稳重少言,听到世间的善事总是那么欢欣。你为人正直和蔼,看重友谊,遵守孝道,一举

原文	译文
闻善则乐。能正能和，惟友惟孝。行止中闺，可象可效[10]。我闻为善，庆自己蹈[11]。彼苍何偏，而不斯报！	一动无不符合女性的身份，可以作为他人学习和效法的榜样。我听说那些常做好事的人们，吉祥幸福便会自动光临。可是老天爷为何怀有偏见，而不给你以良好的回报！

注释

1 **程氏妹：**嫁给程氏的妹妹。陶渊明与程氏妹是同父异母的兄妹。程氏妹死于武昌，年仅三十八岁，渊明曾往吊丧（见《归去来兮辞》序）。

2 **晋义熙三年：**即公元 407 年。

3 **服制再周：**按服丧的规定已经为其服丧两个周期。服制，服丧的礼制。按照服制，对已嫁的妹妹，应为她服丧九个月。陶渊明写这篇祭文时，程氏妹已经死去十八个月，所以说"服制再周"。

4 **少牢之奠：**羊、猪二牲的祭礼。

5 **寖疏：**渐渐逝去。

6 **特百常情：**独有的百倍于常情的感情。

7 **靡识：**指无知无识的孩提时代。

8 **抚髫相成：**指从小互相爱护，一同长大。髫，儿童头上垂下来的短发。

9 **咨：**嗟叹声。

10 **象：**榜样。

11 **庆自己蹈：**吉祥幸福应该由本人获得。庆，福。蹈，获取。

原文	译文
昔在江陵，重罹天罚[1]。兄弟索居，乖隔楚越[2]。伊我与尔，百哀是切。黯黯高云，萧萧冬月；白雪掩晨，长风悲节。感惟崩号，兴言泣	以前在江陵的时候，上天再一次惩罚你我，我亲爱的生母也离别了凡尘。兄弟们离别分居，彼此相隔着遥远的路程。我们兄妹暂居一地，千百种哀愁交集于心。高天浓云滚滚，冬月凄冷无辉；白雪掩盖了晨光，长风一声声悲鸣。你我感伤悲恸，叩头号哭，频

血[3]。

寻念平昔，触事未远。书疏犹存，遗孤满眼。如何一往，终天不返！寂寂高堂，何时复践？藐藐孤女，曷依曷恃？茕茕游魂，谁主谁祀？奈何程妹，于此永已！死如有知，相见蒿里[4]。呜呼哀哉！

频举哀，泣血盈襟。

回顾过去的日子，往事就一幕幕在心中浮现。来往的书信于今犹在，你留下的孩子就在我眼前。为何你此去泉台，终古不能复返！这寂寞萧条的空堂，你何时再来行走一遍？你这弱小的孤女，无依无恃多么可怜！你的孤独的游魂，谁来祭祀谁来悼念！无可奈何啊，离我而去的程妹，你从此永远在地下长眠！人死后果真有知，他日我们必然在墓地里相见。我无限伤心啊，伤心无限！

注释

1 **重罹天罚**：指陶渊明的生母孟氏在隆安五年(401)逝世。庶母早已去世，再经生母逝世，所以说“重罹”。

2 **楚越**：指相隔很远的不同之地，非实指地名。

3 **兴言**：指举哀。兴，举。言，语助词。

4 **蒿里**：指墓地。相传泰山之下有蒿里，是埋葬死者的地方。

祭从弟敬远文[1]

原文

岁在辛亥[2]，月惟仲秋，旬有九日，从弟敬远，卜辰云窆[3]，永宁后土。感平生

译文

晋义熙七年辛亥，秋八月十九日，我的从弟敬远，择日下葬，永远安息于地下。我感念和他平生曾一同游玩相处，

之游处，悲一往之不返。情恻恻以摧心，泪愍愍而盈眼。乃以园果时醪，祖其将行[4]。呜呼哀哉！

於铄吾弟[5]，有操有概。孝发幼龄，友自天爱。少思寡欲，靡执靡介[6]。后己先人，临财思惠。心遗得失，情不依世。其色能温，其言则厉。乐胜朋高，好是文艺。遥遥帝乡，爰感奇心。绝粒委务[7]，考槃山阴[8]。淙淙悬溜，暧暧荒林，晨采上药，夕闲素琴。曰仁者寿[9]，窃独信之。如何斯言，徒能见欺！年甫过立，奄与世辞。长归蒿里[10]，邈无还期！

更哀悼他从此一去不返。情意凄恻，伤心不已，悲痛的眼泪不断地涌出。于是我用园子里的水果和时新的醇酒，来祭奠他离开人世。这是何等哀痛的事啊！

我的好从弟啊，既有节操，又有度量。自小孝敬父母，天性笃于友爱。清心寡欲，为人不固执，性格不孤僻古怪。为事先人后己，有了钱财就想到行善施惠。一心总忘记个人得失，情操纯贞，绝不趋炎附世。为人态度谦和，言谈严肃。以广交高朋好友为乐，雅好文艺。那遥远的神仙世界，使人产生好奇之心。从弟曾经不食人间烟火，不理世务，在山中隐居修身。静听瀑布飞流而下的声响，游憩于昏暗荒芜的山林。清晨起来采摘珍贵的药材，夜晚则弹起心爱的清琴。孔子说仁义的人必然长寿，我私下里独自深信不疑。如今看来，这话如何竟将我相欺！从弟刚刚年过三十，就已经与世长辞，永归墓土，再无生还之期！

注释

1 **从弟：**同祖父的弟弟。陶渊明虽比从弟敬远大十六岁，但二人志趣相合，感情融洽。陶渊明开始务农时，即与敬远在一起，并写有《癸卯岁十二月中作与从弟敬远》诗。

2 **辛亥：**晋义熙七年(411)。

3 **卜辰：**占卜时日。 **云：**语助词。 **窆**(biǎn)**：**下棺安葬。

4 **祖：**这里指出葬前的祭礼。

5 **於铄：**赞叹词。

6 **靡执靡介:**不固执,不孤僻。

7 **绝粒:**指辟谷,即不食人间烟火,东晋道教徒的一种修道术。 **委务:**委弃世俗之事。

8 **考槃:**《诗经·卫风》中的一篇,赞美贤者隐居涧谷之乐,后引申为隐居之义。

9 **仁者寿:**语出《论语·雍也》。

10 **蒿里:**墓地。

原文

惟我与尔,匪但亲友,父则同生,母则从母。相及龆龀[1],并罹偏咎[2]。斯情实深,斯爱实厚。念畴昔日,同房之欢,冬无缊褐[3],夏渴瓢箪[4],相将以道,相开以颜。岂不多乏?忽忘饥寒。余尝学仕,缠绵人事。流浪无成,惧负素志,敛策归来[5],尔知我意。常愿携手,置彼众议[6]。每忆有秋,我将其刈。与汝偕行,舫舟同济[7]。三宿水滨,乐饮川界。静月澄高,温风始逝。抚杯而言,物久人脆。奈何吾弟,先我离世!

译文

我与你的关系,不是一般的亲友,你我的父亲同为一人所生,你我的母亲是姐妹。彼此都是在幼小的年龄就失去了父亲,互怜互爱,这种感情的确十分深厚。回想往日你我同居一室的欢乐,虽然冬天没有御寒的粗衣,夏天缺少解除饥渴的饮食,但彼此以道义相勉,互相解忧以开颜。难道不觉得生活中缺乏的东西太多?但我们毫不在意,能够忘掉饥寒。我曾经学习出仕之道,陷于世俗的人事。东奔西走,一事无成,深恐辜负当初之志,于是辞官归来,只有你能理解我的心意。你常常乐于与我携手同游,不顾世人的讥议。回忆有一年的秋天,我将去农田收割庄稼,邀你同行,两只船儿齐头并驶。在水边住了三天,临流畅饮。无言的银月光色澄明,高悬夜空,温和的微风在这秋夜里逐渐地消逝。久抚手中之杯,我不由得想到,世间万物长存,而人生却如此易去。为什么我的从弟啊,你要先我离别人世!

注释

1 **龆龀**(tiáo chèn)**:**二字同义,均指儿童换牙,引申指幼年。《韩诗外传》:"男八月生齿,八岁而龆齿。"

2 **偏咎:**偏丧,这里指丧父。

3 **缊褐:**指粗布衣服。

4 **瓢箪:**这里借指饮食。

5 **敛策:**指不再做官。

6 **置:**弃置。

7 **舫舟:**两船并行。

原文

事不可寻,思亦何极!日徂月流,寒暑代息。死生异方,存亡有域。候晨永归[1],指途载陟[2]。呱呱遗稚,未能正言;哀哀嫠人[3],礼仪孔闲[4]。庭树如故,斋宇廓然。孰云敬远,何时复还?余惟人斯[5],昧兹近情[6]。蓍龟有吉[7],制我祖行。望旐翩翩[8],执笔涕盈。神其有知,昭余中诚。呜呼哀哉!

译文

凡事难以寻根究底,我的思念之情也无休无止。日月流逝,寒暑更替。死者与生者各居一方,存者和亡者各在一处。我等候着下棺安葬的时刻,领着路送别你去荒凉的墓地。你幼小的儿子只知道不停地啼哭,说话还吐词不清;你哀痛无比的遗孀,正在按规矩履行殡葬的礼仪。这庭中的树木依然如故,书房里空无一人,多么沉寂。谁说你敬远啊,从此一去不知何日是归期!我想那旁人绝不能理解你我亲密无间的感情。只有占卜到了另外的安葬吉日,才可以阻止我今天送你远行。看那棺木前的灵旗正在风中翻动,我执笔撰写祭文,不免涕泪盈襟。如果你的灵魂有知,应当明鉴我的一片真情。敬远呀,你该知道我是何等的伤心!

注释

1 **候:**等候。 **永归:**这里指安葬。

2 **指途:**指引往墓地的道路。 **载:**虚字,相当于"则"。 **陟:**登。

3 **嫠(lí)人:**寡妇。

4 **孔闲:**非常熟悉。孔,甚。闲,同"娴",娴熟。

5 **惟:**思。 **人:**指别人。 **斯:**兮。

6 **昧兹近情:**不理解我们这亲密无间的感情。

7 **蓍(shī)龟:**占卜。古代以蓍草和龟甲占卜吉凶。

8 **旐(zhào):**灵柩前的旗子。

读史述九章 余读《史记》,有所感而述之

夷　齐[1]

原文

二子让国,相将海隅。天人革命[2],绝景穷居[3]。采薇高歌,慨想黄虞。贞风凌俗,爰感懦夫。

译文

伯夷叔齐二人互相谦让君位,一同逃匿到遥远的北海之滨。周武王顺应天时消灭商纣,他们又到偏僻的地方隐遁。采薇而食,高声吟唱悲歌,感慨百端,遥想远古的世情。坚贞的节操如此超凡脱俗,连最怯懦的人也为之动心。

注释

1 **夷齐:**伯夷、叔齐,商朝孤竹君二子。详见《饮酒》第二首注1。事载《史记·伯夷列传》。

2 **天人革命:**指周武王伐商纣。《易经·革卦》:"汤武革命,顺乎天而应乎人。"

3 **绝景:**绝迹。景,同"影",指踪迹。

箕　子[1]

原文

去乡之感,犹有迟迟。矧伊代谢[2],触物皆非。哀哀箕子,云胡能夷[3]!狡童之歌[4],凄矣其悲。

译文

箕子离开故土的那一天,依依难舍缓缓而行。何况是改朝换代的时刻,眼中所见都不似旧时情景。无比哀伤沉痛的箕子啊,他心中百感交集如何能平静!他作的那首《麦秀》之歌,谁听了都会悲泣涕零。

注释

1 **箕子:**殷纣王大臣。纣王荒淫无道,杀大臣比干。箕子惧,便装疯为奴,纣王仍囚之。武王灭商,箕子才被释放。事见《史记·殷本纪》。

2 **代谢:**指朝代更换。

3 **夷:**平,指心情平静。

4 **狡童之歌:**指箕子所作的《麦秀》歌。殷商灭亡以后,箕子朝见周王,经过商朝故墟,见宫室毁坏,禾黍丛生,乃有感而作《麦秀》之诗并歌咏之。其诗曰:"麦秀渐渐兮,禾黍油油。彼狡童兮,不与我好兮。"

管　鲍[1]

原文

知人未易,相知实难。淡美初交[2],利乖岁寒[3]。管生称心,鲍叔必安。奇情双亮,令名俱完。

译文

全面了解一个人真不容易,要相互知心实在更难。君子初交时以淡如清水为美,小人在穷困的时候往往变脸。你看那管仲分财多么称意,他的好友鲍叔必然觉得心安。这非凡的情操双双辉耀后世,美好的名声一同千载流传。

注释

1 **管鲍:**管仲、鲍叔,战国时齐人。二人友善,一同经商,分取钱财时,管仲多拿,鲍叔不以其为贪,因为管仲家中贫穷。后管仲为齐相,特别推荐鲍叔。事见《史记·管晏列传》。

2 **淡美初交:**初交之友,以淡泊为美。

3 **利乖岁寒:**岁寒,指穷困不得志的时候。全句谓在穷困的时候,往往因利绝交。

程 杵[1]

原文

遗生良难[2],士为知己。望义如归,允伊二子[3]。程生挥剑[4],惧兹余耻[5]。令德永闻,百代见纪。

译文

要人们舍弃生命诚然太难,唯有义士才肯为知己者赴死。为了人间大义视死如归,只有程婴和公孙杵臼的确如此。程婴最终毅然挥剑自刎,他恐怕独生将留下余耻。义士高尚的德行永远流传,百代之后还记载于史籍。

注释

1 **程杵:**程婴和公孙杵臼,春秋时晋人。程是赵朔的好友,杵臼为赵朔门客。后赵朔被屠岸贾杀害,其妻生一遗腹子,屠仍想加害。杵臼与程婴商定,由杵臼抱别人的婴儿藏于山中,再由程婴告发于屠岸贾。于是屠岸贾派人杀害了杵臼和假孤儿。程婴抱真孤儿逃匿,得以免难。这个真孤儿就是后来的赵武。赵武攻灭屠岸贾后,程婴便自杀以报杵臼。事见《史记·赵世家》。

2 **遗生:**舍生。

3 **允伊:**真乃如此。

4 **挥剑:**指挥剑自刎。

5 **惧兹余耻:**指程婴若不自杀,便恐对不起杵臼,自以为耻。

七十二弟子[1]

原文

恂恂舞雩[2]，莫曰匪贤。俱映日月，共餐至言[3]。恸由才难[4]，感为情牵[5]，回也早夭，赐独长年[6]。

译文

他们在舞雩之下谦恭求学，没有一人不是当世的良贤。荟萃一堂辉映日月，一同聆听孔子的至理名言。安贫好学的颜回英年早逝，孔子为失去难得的人才失声恸哭，泪如涌泉。后来得以独享高年的子贡，孔子在临死前还对他无限挂牵。

注释

1 **七十二弟子**：孔子最得意的一些门生。《史记·孔子世家》："孔子以诗书礼乐教弟子，盖三千焉，身通六艺者，七十有二人。"

2 **恂恂**：谦恭的样子。这里指向孔子求学的弟子。 **雩**：雩坛，天旱时祈雨的祭坛，因祈雨时有乐舞，因称舞雩。雩坛在曲阜市东南。

3 **餐**：这里作动词用，学习、领会的意思。

4 **恸由才难**：孔子弟子颜回，家贫好学，不幸早逝，孔子哭得非常哀痛。

5 **感为情牵**：孔子重病，子贡请见，孔子流涕叹歌，七日后即去世。

6 **赐**：即子贡，名端木赐。他比孔子小三十一岁，卒年不详。

屈　贾[1]

原文

进德修业，将以及时。如彼稷契[2]，孰不愿之？嗟乎二贤，逢世多疑。候詹写志[3]，感鹏献辞[4]。

译文

培养品德增进学问，人人都应该及时努力。如果能像稷契一样辅佐明君，谁又会不愿全心全意？可叹屈贾二位今古无双的贤人，一生总是遭到各种猜忌。屈原竟只能向卜者问取前程，贾谊也落得见鹗鸟而作赋哀时。

注释

1 **屈贾:**屈原、贾谊。屈原是战国时楚国的诗人、政治家。贾谊是西汉政治家。事迹见《史记·屈原贾生列传》。

2 **稷契:**帮助舜治理国家的两位大臣。稷任农官,契任司徒。

3 **候:**拜会。 **詹:**楚国太卜郑詹尹。《楚辞·卜居》:"屈原既放,三年不得复见。……往见太卜郑詹尹曰:'余有所疑,愿因先生决之。'"

4 **感鹏献辞:**贾谊被谗,贬为长沙王太傅,三年后,见鹏飞入舍,自感寿命难久,遂作《鹏鸟赋》。鹏,鸮鸟,古人认为它的出现是一种不祥之兆。

韩　非[1]

原文

丰狐隐穴[2],以文自残[3]。君子失时,白首抱关[4]。巧行居灾,忮辩召患[5]。哀矣韩生,竟死《说难》[6]。

译文

皮毛丰厚的狐狸本来隐居穴中,只因美丽的皮毛反而害了它自身。有志之士如果生不逢时,直到白发苍苍还只能看守城门。行为机巧的人易处祸境,擅长言辩的人百患常临。多么可悲的韩非子呀,竟死于《说难》一文。

注释

1 **韩非:**战国时韩人,著有《韩非子》。秦王读其书,欲得其人,遂举兵攻韩国。韩王遣韩非使秦,秦王留而不用。后遭李斯等人谗害,死于狱中。事见《史记·老子韩非列传》。

2 **丰狐:**皮毛丰厚的狐狸。

3 **以文自残:**因为皮毛的美丽,反而害了自己。

4 **抱关:**看守城门的人。

5 **忮(zhì)辩:**善辩。

6 **《说难》:**《韩非子》中的一篇,文中列举了说辨者招致弃身、危身的种种祸患。

鲁二儒[1]

原文

易代随时，迷变则愚[2]。介介若人[3]，特为贞夫。德不百年，污我诗书。逝然不顾，被褐幽居[4]。

译文

朝代更换人们就随机应变，不知应变的人，大家都认为是愚人。只有耿介清高的鲁地二儒，怀抱纯贞的信念特立独行。他们认为积德不满百年的朝代，匆忙制定礼乐就玷污了祖先留下的诗文。两人远离世俗永不回头，过着贫困的生活甘心归隐。

注释

1 **鲁二儒**：西汉初年鲁地的两个儒生。刘邦统一天下，群臣争功。叔孙通建议征请鲁地儒生共定朝仪。征请的三十多人中，有二儒生不肯应征，他们认为天下初定，死者未葬，伤者未起，礼乐不宜立即制定。叔孙通讥笑这二人是不知时变的鄙儒。事见《史记·刘敬叔孙通列传》。

2 **“易代”二句**：这两句说的是一般人的看法。

3 **若人**：那种人。

4 **被褐**：穿着粗布衣服，比喻生活贫困。

张长公[1]

原文

远哉长公，萧然何事？世路多端，皆为我异。敛辔朅来[2]，独养其志。寝迹穷年，谁知斯意？

译文

距今数百年的张长公呀，为什么萧条寂寞为世所弃？只因为人世间的道路虽多，但与他所走的路却迥然相异。决心辞去官职返归家乡，独自一人长年修身养志。终生隐居傲然守节，谁又能理解他心中的深意？

注释

1 **张长公:**西汉人,详见《饮酒二十首·十二》注1。张长公事载《史记·张释之冯唐列传》。

2 **敛辔:**停息车驾,指不再出仕。**朅(qiè)来:**归来,即“归去来”之音。朅,离去。

扇上画赞

荷蓧丈人　长沮桀溺　於陵仲子　张长公　丙曼容　郑次都　薛孟尝　周阳珪

原文

三五道邈[1],淳风日尽。九流参差[2],互相推陨。形逐物迁,心无常准。是以达人,有时而隐。

“四体不勤,五谷不分。”超超丈人[3],日夕在耘。辽辽沮溺[4],耦耕自欣。入鸟不骇,杂兽斯群。至矣於陵[5],养气浩然。蔑彼结驷,甘此

译文

三皇五帝的事是那么遥远,淳朴的风尚早已消失殆尽。孔子之后各家学说不同,互相排斥互相争鸣。人们随着事物的迁移而变化思想,心中没有固定的是非标准。那些通达事理的聪明人士,因此在不顺心的时候便毅然归隐。

“两手两足从来不劳动的人,连五谷是什么也分不清。”说这话的是超然出世的荷蓧老翁,他早晚都在田土中耕耘。古代的隐士长沮、桀溺,两人并肩耕种自觉欢欣。飞鸟和他们在一起不感到害怕,各种野兽也乐于与他们同群。至高无上的於陵仲子,浩然之气养在心中。蔑视世间的荣华富贵,甘心浇水种菜度过一生。

灌园。张生一仕[6]，曾以事还。顾我不能，高谢人间。岧岧丙公[7]，望崖辄归[8]。匪骄匪吝，前路威夷[9]。郑叟不合[10]，垂钓川湄。交酌林下，清言究微。孟尝游学[11]，天网时疏[12]。眷言哲友，振褐皆徂[13]。美哉周子[14]，称疾闲居。寄心清尚，悠然自娱。

翳翳衡门，洋洋泌流[15]。曰琴曰书，顾盼有俦。饮河既足[16]，自外皆休。缅怀千载，托契孤游[17]。

张挚在年轻时曾一度出仕为官，没有多久便因故回到家园。他担心不能迎合世俗，只好辞官归隐高卧林泉。丙曼容的品格是如此清高，升官的时候便自行辞职。这不是故作骄矜也不是鄙吝，只因为官场的前路险阻无比。郑次都心高不合时宜，闲来一心垂钓于水边。与朋友在树下举杯畅饮，清言高论，细究妙理的万化千变。薛孟尝游学于天下，那时朝廷的制度还时有疏漏。他一心眷念那些贤智的友人，大家整理一下衣服就去归隐山丘。令人羡慕的周阳珪，远避官场托病闲居。怀抱着清高淡泊的志向，悠悠然度日自乐自娱。

深居阴凉的陋室，门前是奔腾不息的泉流。那洁净的清琴和心爱的古书，它们是隐居人生活中的朋友。腹不饥口不渴就该满足，除此以外没有任何需求。遥想这些千载以前的高人，我与他们的志趣多么相合，但愿一同谈笑长作闲游。

注释

1 **三五：**指三皇五帝。

2 **九流：**指儒、道、阴阳、法、名、墨、纵横、杂、农等各家学派。

3 **丈人：**荷蓧丈人，古代隐士。详见《癸卯岁始春怀古田舍二首·一》注 5。

4 **沮溺：**长沮和桀溺，古代隐士。参见《辛丑岁七月赴假还江陵夜行涂口》注 4。

5 **於陵：**指陈仲子。据《高士传》载，陈仲子居於陵，楚王遣使聘他为相。其妻说："夫子左琴右书，乐在其中矣！结驷连骑，……所甘不过一肉，……而怀楚国之忧。”陈仲子于是谢绝使者，夫妻一同逃走，为人灌园。结驷，四匹马拉的车。

6 **张生**：张挚，字长公。详见《饮酒二十首·十二》注1。

7 **岧岧**：高耸的样子。 **丙公**：丙曼容，汉代人。他养志自修，为官不肯过六百石，再往上升迁就自动辞职，当时很有名声。

8 **崖**：谓高官有如悬崖。

9 **威夷**：险阻。

10 **郑叟**：郑敬，字次都，东汉人。都尉逼他任职，他托病辞去，隐居治学。同郡人邓敬任督邮，前来看望他，他正在湖边垂钓，便随手折下荷叶，两人共坐，饮酒交谈，终日不散。

11 **孟尝**：薛包，字孟尝，东汉人。汉安帝曾征他为侍中，他托病坚辞。

12 **天网**：比喻朝廷法令。

13 **振褐皆徂**：整理一下粗布衣服，便一同隐去。

14 **周子**：周阳珪，隐士，事迹不详。

15 **“翳翳”二句**：《诗经·陈风·衡门》：“衡门之下，可以栖迟；泌之洋洋，可以乐饥。”衡门，横木为门，指居处简陋。泌，泉水。洋洋，水流很大的样子。

16 **饮河既足**：《庄子·逍遥游》：“偃鼠饮河，不过满腹。”这里以偃鼠的饮水不多比喻人的所需有限。

17 **契**：志趣相合。

五柳先生传

原文

先生不知何许人也，亦

译文

有位先生，不知是什么地方的人，

不详其姓字，宅边有五柳树，因以为号焉。闲静少言，不慕荣利。好读书，不求甚解[1]，每有会意，便欣然忘食。性嗜酒，家贫不能常得。亲旧知其如此，或置酒而招之。造饮辄尽[2]，期在必醉，既醉而退，曾不吝情去留[3]。环堵萧然[4]，不蔽风日，短褐穿结[5]，箪瓢屡空，晏如也[6]。常著文章自娱，颇示己志。忘怀得失，以此自终。

赞曰：黔娄之妻有言[7]：“不戚戚于贫贱，不汲汲于富贵。”极其言，兹若人之俦乎？酣觞赋诗，以乐其志。无怀氏之民欤？葛天氏之民欤[8]？

也不知他的姓氏和名字，他的住宅旁边有五株柳树，因而就把“五柳先生”作为自己的雅号。他为人恬静，很少言语，不追求和羡慕荣利。喜欢读书，不求深入细致的理解，每当有所体会，便高兴得饭也顾不上吃。他生性最爱喝酒，因为家里贫穷，常常不能得到。亲戚和老朋友知道以后，有时设酒款待他。到了别人家里，他就把酒喝个精光，心中所想的就是一定要喝醉，醉了就回家，或去或留，毫不介意。家徒四壁，房屋破旧，不能遮风蔽日。穿的是粗布短衣，破破烂烂的，打了不少补丁，箪、瓢也常常空着，却能安然自乐。他时常写写文章，略微表示自己的一点情趣，以此自乐。他忘记了个人的得失，就这样了此一生。

我对他有如下的赞语：古代隐士黔娄的妻子曾经说过：“对于贫穷不要老是感到忧愁，对于富贵也不要过分追求。”推究她的这番话，不就是说的五柳先生这一类人物吗？他饮酒赋诗，使自己的心情舒畅快乐。这位五柳先生是无怀氏时代的人呢？还是葛天氏时代的人呢？

注释

1 **不求甚解：**不拘泥于字面的含义，不强求呆板的解释。

2 **造：**至，到。

3 **不吝情去留：**对去留之事不甚关心。

4 **环堵萧然:**即家徒四壁。环堵,指住室。

5 **穿结:**谓衣服穿孔并缝补过。

6 **晏如:**心安的样子。

7 **黔娄:**春秋时齐隐士,详见《咏贫士七首·四》注1。

8 **无怀氏、葛天氏:**都是传说中的上古帝王,据说这两个帝王统治时,人民安居乐业,风俗淳朴。

与子俨等疏[1]

原文

告俨、俟、份、佚、佟[2]:

天地赋命,生必有死。自古圣贤,谁能独免?子夏有言[3]:"死生有命,富贵在天[4]。"四友之人[5],亲受音旨。发斯谈者[6],将非穷达不可妄求,寿夭永无外请故耶[7]?

译文

我想告诉俨、俟、份、佚、佟你们五人:

天地赋予人以生命,当然,有了生命也就必然会有死亡。自古以来的圣贤,谁又能避免此事呢?子夏转述孔子的话说:"死生自有其定数,富贵则由天意决定。"被孔子列为"四友"的一班弟子,曾经亲自聆听过这样的教诲。孔子和他的弟子之所以这么说,难道不是穷困和显达不应该过分看重,长寿和短命也永远不可特别追求的缘故吗?

注释

1 **疏:**用于训诫谕告或说明情况的一种文体。

2 **俨、俟、份、佚、佟:**陶渊明的五个儿子。详见《责子》注1。

3 **子夏：**春秋时卫国人，姓卜名商，孔子弟子。

4 **“死生”二句：**语出《论语·颜渊》，这原是孔子说的话。

5 **四友：**孔子的弟子颜回、子路、子贡、子张曾被孔子称为“四友”。子夏与他们是同辈人。

6 **斯谈：**指“死生有命，富贵在天”。

7 **外请：**命定以外的要求。

原文

吾年过五十，少而穷苦，每以家弊，东西游走。性刚才拙，与物多忤。自量为己，必贻俗患，僶俛辞世[1]，使汝等幼而饥寒。余尝感孺仲贤妻之言[2]，败絮自拥，何惭儿子？此既一事矣。但恨邻靡二仲[3]，室无莱妇[4]，抱兹苦心，良独内愧。

少学琴书，偶爱闲静。开卷有得，便欣然忘食。见树木交荫，时鸟变声，亦复欢然有喜。常言五六月中，北窗下卧，遇凉风暂至，自谓是羲皇上人[5]。意浅识罕，谓斯言可保。

译文

我现在已年过五十，从小过着穷苦的生活，常常因为家中贫困而涉身仕途，东西奔波。我性情刚直，才智不足，与世俗多有抵触。自思这样下去，必然留下后患，因而坚决辞官归隐，致使你们在年龄还小的时候就要忍饥挨冻。我曾为王霸之妻的言论所感动，既然自甘贫困，身披败絮，又何必为儿子的境遇而惭愧呢！我和王霸的情况是一回事啊！遗憾的是邻居中没有二仲那样的人物，家里没有老莱子妻子那样的贤妇。怀抱着一番苦心，深深地感到自愧。

我从小学习琴艺和诗书，有时也喜欢安闲清静。开卷诵读，如有所得，便高兴得饭也忘了吃。看到树木绿荫重叠，听见每个季节里鸟儿不断唱出新声，也欢然喜悦。我常说五六月间闲卧北窗之下，遇上凉风忽然吹来，自觉似乎是羲皇时代以前的古人了。我思想浅陋，见识不多，总以为这种生活可以保住。时光就这样流逝，我又不善于逢迎取日月遂往，机巧好疏，缅求在昔，眇然如何！疾患以来，渐就衰损，亲旧不遗，每以药石见救[6]，自恐大分将有限也。

巧，如今再追求过去那种生活，是何等渺茫的事啊！自从身患重病以来，身体逐渐衰弱虚损。亲戚故旧并没有将我遗忘，经常拿些药物给我治疗，恐怕我已来日无多了。

注释

1 **辞世**：指辞官隐居。

2 **孺仲贤妻之言**：东汉王霸，字孺仲。少立高节，屡召不仕。与同郡令狐子伯为友。后子伯为楚相，遣其子送书信于王霸。王霸见子伯的儿子容服光采，彬彬有礼，而自己的儿子却蓬发少齿，不识礼节，甚觉惭愧，乃久卧不起。其妻说，你既已立志不仕，躬耕自养，则儿子难免蓬发少齿，怎可忘了自身志向而为儿子惭愧呢？王霸省悟，后与其妻一同隐居终生。事见《列女传》。

3 **二仲**：指羊仲、求仲。汉代蒋诩归隐以后，断绝一般交游，仅与羊仲、求仲二人来往。

4 **莱妇**：战国时楚人老莱子之妻。老莱子避乱隐居，楚王招之。其妻认为乱世为官将招致后患，竭力劝止。老莱子于是与妻子共隐于江南。事见《列女传》。

5 **羲皇上人**：羲皇时代以前的人。羲皇，伏羲氏，传说中上古治世之君。

6 **药石**：治病的药物和砭石。泛指药物。

原文

汝辈稚小家贫，每役柴水之劳，何时可免？念之在心，若何可言。然汝等虽不同生，当思四海皆兄弟

译文

你们年龄还小，家境贫困，常常要参加打柴挑水的劳动，什么时候才可以不干这些事呢？我心中虽念念不忘，可是又能说些什么。然而你们虽不是一母所生，却应当多想一想“四海之内皆兄弟”这句话的含义。春秋时代

之义。鲍叔、管仲，分财无猜[1]；归生、伍举，班荆道旧[2]。遂能以败为成[3]，因丧立功[4]。他人尚尔，况同父之人哉！颍川韩元长[5]，汉末名士，身处卿佐，八十而终。兄弟同居，至于没齿。济北氾稚春[6]，晋时操行人也，七世同财，家人无怨色。《诗》曰："高山仰止，景行行止[7]。"虽不能尔，至心尚之。

汝其慎哉，吾复何言！

的鲍叔和管仲，划分钱财时互不猜疑；战国时的归生和伍举，路途相逢，便铺荆而坐，叙谈情谊。因此才有鲍叔帮助管仲由失败而走向成功，归生帮助伍举由逃亡而转为建功立业的千古美事。朋友之间尚能如此，何况你们都是我所生的儿子呢？颍川的韩元长是汉末的一位名士，身居卿位，八十岁才去世。他有个兄弟与他一同生活，直到老死。济北的氾稚春，是西晋一位很有德行的人，他们家七代人都是一同居住，不分财产，但从来没有人表示过不满。《诗经》上说："仰望巍峨的高山，在光明的大道上行走。"你们虽不一定能达到这种境界，但也应努力向前人学习啊！

我衷心地希望你们谨慎从事，除此以外，还能说些什么呢！

注释

1 **"鲍叔"二句：**鲍叔、管仲都是战国时齐人。二人友善，一同经商，分利时管仲多拿，鲍叔不以其为贪，因为知道管仲家贫。事见《史记·管晏列传》。

2 **"归生"二句：**归生、伍举都是战国时楚人，两人十分友好。伍举因罪逃往郑国，后赴晋为官，在郑国郊外正好遇上归生，二人即在地上铺荆而坐，一同用饭，重温旧好。事见《左传·襄公二十六年》。

3 **以败为成：**原先管仲辅佐齐国公子纠，鲍叔辅佐公子小白（即后来的齐桓公）。后公子纠败，管仲被囚，鲍叔极力向齐桓公举荐他，齐桓公便任管仲为国相，终于成就霸业。"以败为成"即指此事。

4 **因丧立功：**归生和伍举班荆道旧以后，归生回到楚国，建议令尹子木将伍举从晋国召回。伍举回到楚国后，协助公子围继承王位，立下大功。因丧立功，指伍举逃亡别国本来是一次失败，却因为归生的帮助回国建立了功劳。

5 **颍川**：今河南省禹州市。**韩元长**：名融，汉献帝时曾任大鸿胪，为九卿之一。

6 **济北**：今山东省济南市长清区。 **氾稚春**：名毓，西晋人。《晋书》称他"少履高操，安贫有志业"。

7 **高山仰止，景行(háng)行止**：见《诗经·小雅·车辖》。止，句末虚字。景行，大道。行止，行走。

自祭文[1]

原文

岁惟丁卯[2]，律中无射[3]。天寒夜长，风气萧索。鸿雁于征，草木黄落。陶子将辞逆旅之馆[4]，永归于本宅。故人凄其相悲，同祖行于今夕[5]。羞以嘉蔬[6]，荐以清酌。候颜已冥，聆音愈漠。呜呼哀哉！

茫茫大块[7]，悠悠高旻[8]。是生万物，余得为人。自余为人，逢

译文

丁卯年深秋九月，天气寒冷，长夜漫漫，北风凄凄，气象萧索。鸿雁遥遥南飞，草木枯黄摇落。我陶老夫子即将辞别寄居的人间客舍，永远回归原来的住所。亲人和朋友们无不伤心悲痛，在今夜一齐来祭奠我的魂魄。供上的食物是如此美好，献上的酒饭是如此之多。想看一看我的容颜，早已盖棺难见；想听一听我的声音，更加杳不可得。啊！这是多么悲伤的时刻！

茫茫宇宙，悠悠苍天，万物从这里生长，我得以成为万物之灵。自从我来到人世，正逢上贫困的命运。食具饮具经常空空如洗，

运之贫。箪瓢屡罄，绨绤冬陈[9]。含欢谷汲[10]，行歌负薪。翳翳柴门，事我宵晨。春秋代谢，有务中园。载耘载耔，乃育乃繁。欣以素牍，和以七弦。冬曝其日，夏濯其泉。勤靡余劳，心有常闲。乐天委分，以至百年。

冬天还穿戴着麻布做成的衣巾。但是我仍然愉快地到山谷里取水，背着柴火乐呵呵边唱边行。在阴暗无光的陋室里，度过了无数个夜晚和良晨。春去秋来，园林中有干不完的事情。我一边除草一边培土，只望菜蔬生长得更加繁盛。兴致勃勃地饱览群书，优雅和谐地弹奏清琴。冬天里在阳光下取暖，夏日里在山泉中濯洗身心。勤劳而不过度，心中闲适而安静。乐于顺从天意，听其自然，就以这种达观的方式度过一生。

注释

1 这是陶渊明为自己写的一篇祭文。两个月之后，他便去世了。本篇与《挽歌诗》作于同时，为作者绝笔。

2 **丁卯：**宋文帝元嘉四年(427)。

3 **律中无射：**指九月。无射是古代乐律的十二管（约相当于现代的十二声）之一。古人以十二管之数与十二个月相配，无射与九月相合。

4 **逆旅：**旅舍。这里是指人生，表示人生世间，如同寄居于客舍。

5 **祖行：**出殡的前一晚祭奠死者。

6 **羞：**同“馐”，此处用为动词。

7 **大块：**指宇宙自然。

8 **高旻：**高天。秋天也称旻天。

9 **绨绤：**夏季所穿的布衣，细者称绨，粗者叫绤。

10 **谷汲：**向山谷中取水。

原文

惟此百年，夫人爱之[1]。惧彼无成，愒日

译文

对于有限的生命，人人都倍加珍惜。只恐终生没有成就，每日每时不忘努力。都希

惜时[2]。存为世珍，没亦见思。嗟我独迈[3]，曾是异兹。宠非己荣，涅岂吾缁[4]！捽兀穷庐[5]，酣饮赋诗。识运知命，畴能罔眷。余今斯化，可以无恨。寿涉百龄，身慕肥遁[6]。从老得终，奚所复恋！

寒暑逾迈，亡既异存。外姻晨来，良友宵奔。葬之中野，以安其魂。窅窅我行，萧萧墓门。奢耻宋臣[7]，俭笑王孙[8]。廓兮已灭，慨焉已遐。不封不树，日月遂过。匪贵前誉，孰重后歌？人生实难，死如之何？呜呼哀哉！

望活着时受到社会的尊重，死后能为世人所追忆。可叹我独行其是，与这种处世态度迥异其趣。偶然得宠算不得什么荣耀，世俗尘嚣又岂能改变我的意志！身居陋室却傲然自乐，开怀畅饮作赋吟诗。既然知道命运已不可更改，所以对一切都不患得患失。我现在就这样离别人间，不会有什么遗憾的情绪。已经活到了可以满足的年龄，早就只愿躬耕田野终生隐居。生命随着衰老而消亡，还有什么值得我留恋依依！

岁月流逝，寒暑交替，死去和活着毕竟不同。听到我死去的消息，外姓的亲戚和各方的朋友，有的一清早赶来，有的夜间匆匆起程。将我葬在茫茫的旷野，以此安定我的游魂。抬着我向幽深的地方走去，萧瑟的秋风吹进了黑洞洞的墓门。我深感宋国大臣的棺椁过分奢侈太不应该，也讥笑汉代杨王孙裸葬过于俭省。墓地四周空阔无边，我已经永久消失。亲友们在慨然叹息，我从此远逝无存。我的坟墓不必堆得太高，墓旁也无须植树，就让时间在这里留下它的脚印。生前就不追求世俗的名誉，死后又岂爱听颂扬的歌声！人生一世，艰难多险，死了更不知是什么情境。多么伤心啊，多么伤心！

注释

1 **夫人：**人人。夫，发语词。

2 **愒：**贪爱。

3 **独迈：**独行，指行为与众不同。

4 **涅:**黑颜色的染料。 **缁:**黑色。《论语·阳货》:“不曰白乎?涅而不缁。”是说洁白的东西即使用涅也不能染黑,意谓不受世俗环境的影响。

5 **捽兀:**神态高傲的样子。

6 **肥遁:**隐居。遁,逃隐。《周易·遁卦》:“上九,肥遁无不利。”后来便称隐居为肥遁。

7 **宋臣:**指春秋时宋国的大臣桓魋(tuí)。据《孔子家语》记载,孔子在宋国,见到桓魋正在做石椁,三年未成,孔子愀然长叹,以为过于奢侈。

8 **王孙:**杨王孙,西汉人,临死前嘱儿子将他裸葬。详见《饮酒二十首·十一》注6。

古典名著普及文库